나의 기록으로 완성하는 나만의 산행 일지

도전 100 명산

나의 기록으로 완성하는 나만의 산행 일지
도전 100 명산

초판 1쇄 인쇄 2025년 09월 12일
초판 1쇄 발행 2025년 09월 19일

지은이　김헌준
펴낸이　김헌준
편　집　류석균
디자인　전영진
펴낸곳　소금나무
　　　　주소 (07314) 서울시 영등포구 신길로 214, B 101-1호 ㈜시간팩토리
　　　　전화 02-720-9696　팩스 070-7756-2000
　　　　메일 sogeumnamu@naver.com
　　　　출판등록 제2025-000036호(2025.03.11)

ISBN 979-11-989090-6-0 13690

이 책의 저작권은 지은이에게 있으며, 무단 전재와 복제를 금합니다.
잘못된 책은 구입하신 곳에서 교환해 드립니다. 책값은 뒤표지에 있습니다.

소금나무는 ㈜시간팩토리의 출판 브랜드입니다.

나의 기록으로 완성하는 나만의 산행 일지
도전 100 명산

소금나무

〈이 책의 사용 방법〉

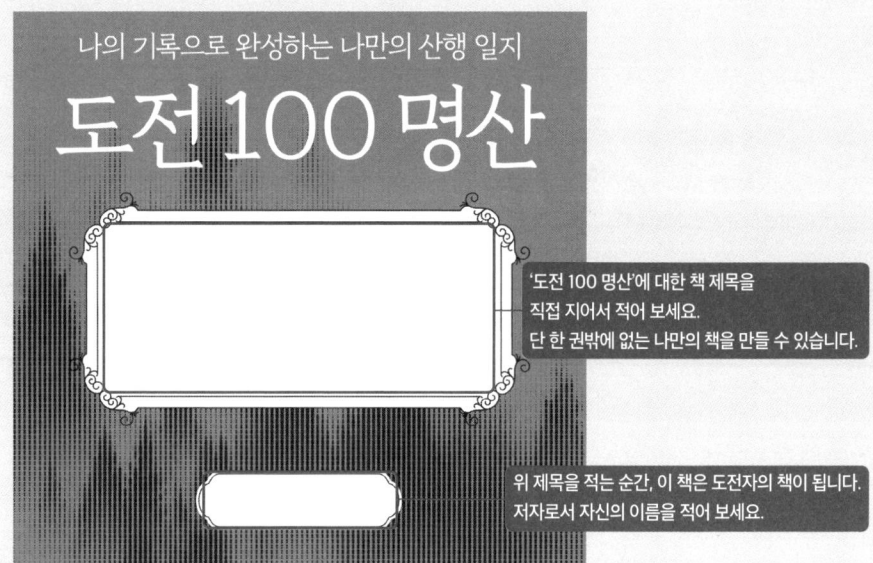

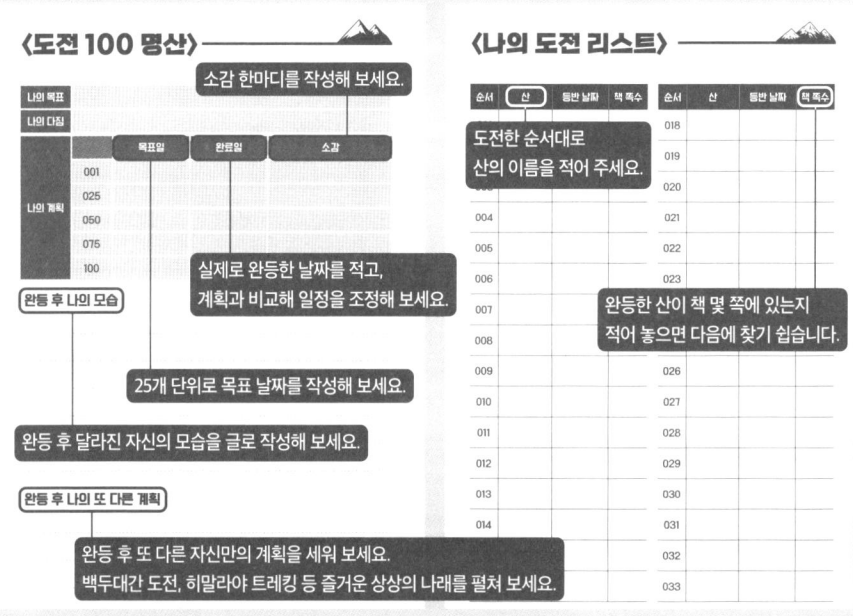

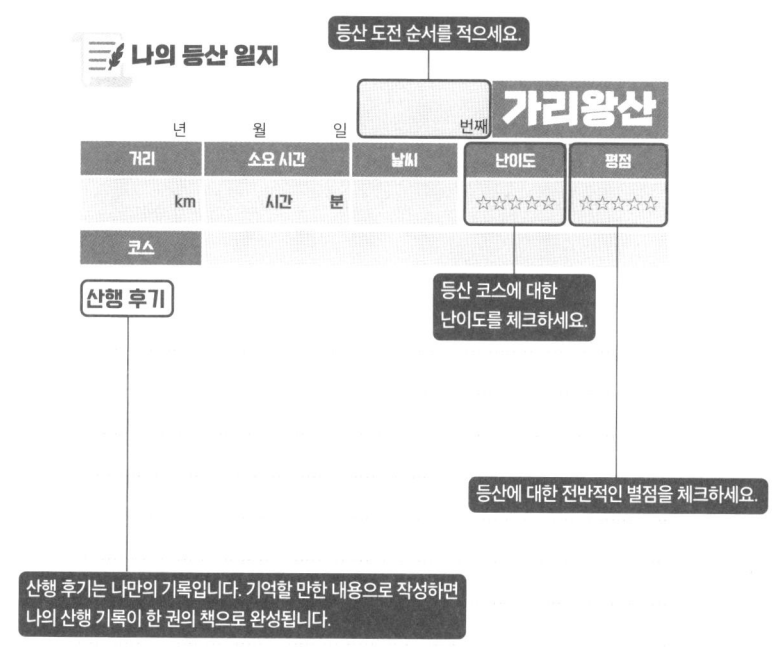
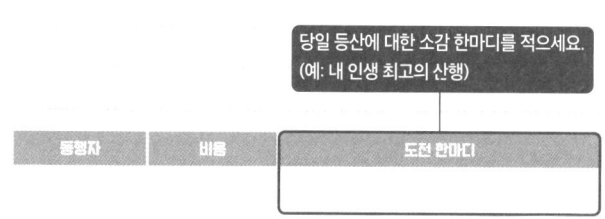

📍 "도전 100 명산, 모험이 아니라 준비된 도전입니다."

당신의 발걸음이 안전할 때 산도 당신을 반깁니다. 아름다운 우리나라 자연을 온몸으로 마주하며 정상을 향해 나아가는 발걸음은 무엇보다 값지고 아름답습니다.

하지만 잊지 말아야 할 것이 하나 있습니다. 등산은 '모험'이 아니라 '준비된 도전'이어야 한다는 사실입니다.

산은 언제나 그 자리에 있지만, 결코 만만한 상대가 아닙니다. 계절마다 달라지는 날씨, 험준한 지형, 돌발 상황 등에 '기초적인 등산 기술과 안전 지식' 없이 접근한다면 큰 사고로 이어질 수 있습니다. 실제로 많은 사고가 기본적인 교육 부족과 과신에서 비롯되고 있습니다. '도전 100 명산'을 계획 중 그리고 도전 중이라도 한 번쯤은 꼭 등산 관련 교육기관의 기초 교육을 이수하기를 바랍니다.

📍 대한적십자사 산악 안전 교육

대한적십자사의 초보자를 위한 등산 기초 과정은 등산 안전수칙, 응급처치 요령, 사고 예방 및 생존 기술 등 이론과 실습 교육으로 이루어져 실제 산행에 바로 적용할 수 있도록 하고 있습니다. 전문 과정에서는 안전하고 체계적인 등반을 위한 실습 중심 교육이 이루어지며, 산악안전강사 양성 과정을 통해 전문 강사 인력을 꾸준히 배출하고 있습니다.

📍 국립공원공단 국립공원교육원

국립공원공단은 기초 산행 기술, 친환경 산행법, 응급상황 대처 능력을 중심으로 이론과 현장 실습을 병행하며, 자연 보호와 안전한 산행 문화 확산에 앞장서고 있습니다. 일반인과 학생을 대상으로 하는 안전산행지도자 과정, 국립공원 주니어레인저 안전스쿨 등 다양한 교육 과정을 운영하고 있으며, 전문 인력 양성을 위한 산악전문지도사 자격제도도 시행하고 있습니다.

이 외에도 국립등산학교, 한국등산학교, 지리산등산학교 등에서 산악 안전 관련 교육을 있습니다.

〈도전 100 명산〉

나의 목표				
나의 다짐				
나의 계획		목표일	완료일	소감
	001			
	025			
	050			
	075			
	100			

완등 후 나의 모습

완등 후 나의 또 다른 계획

〈목차〉

이 책의 사용 방법　　　　　　　　004
도전 100 명산　　　　　　　　　007
나의 도전 리스트　　　　　　　　011

('도전 순서' 아래 빈칸에는 도전한 순서대로 직접 자신만의 쪽수를 만들어 보세요.)

산 이름	높이	쪽수	도전 순서
가리산	1,051m	014	
가리왕산	1,561m	016	
가야산	1,430m	018	
가야산	678m	020	
가지산	1,241m	022	
감악산	945m	024	
감악산	675m	026	
계룡산	766m	028	
계방산	1,577m	030	
관악산	629m	032	
광덕산	699m	034	
구병산	876m	036	
구봉산 (천왕봉)	1,002m	038	
금수산	1,016m	040	

산 이름	높이	쪽수	도전 순서
금오산 (현월봉)	976m	042	
금정산 (고당봉)	801m	044	
경주 남산 (금오봉)	468m	046	
변산 (관음봉)	424m	048	
내연산 (삼지봉)	711m	050	
내장산 (신선봉)	763m	052	
달마산 (달마봉)	489m	054	
대둔산 (마천대)	878m	056	
대야산	931m	058	
덕룡산 (서봉)	432m	060	
덕유산 (향적봉)	1,614m	062	
덕항산	1,071m	064	
도락산	964m	066	
도봉산 (신선대)	726m	068	
동악산 (시루봉)	735m	070	
두륜산 (가련봉)	703m	072	
두타산	1,353m	074	
마니산	472m	076	

산 이름	높이	쪽수	도전 순서
마이산	686m	078	
명지산	1,267m	080	
모악산	793m	082	
무등산 (서석대)	1,100m	084	
민주지산	1,241m	086	
방장산	743m	088	
방태산 (주억봉)	1,444m	090	
백덕산	1,350m	092	
백암산 (상왕봉)	741m	094	
백운산 (상봉)	1,222m	096	
백운산	882m	098	
북한산 (백운대)	836m	100	
불갑산 (연실봉)	516m	102	
비슬산 (천왕봉)	1,084m	104	
삼악산 (용화봉)	654m	106	
선운산 (수리봉)	336m	108	
설악산 (대청봉)	1,708m	110	
소백산 (비로봉)	1,439m	112	

산 이름	높이	쪽수	도전 순서
소요산 (비로봉)	587m	114	
속리산 (천왕봉)	1,058m	116	
수락산 (주봉)	637m	118	
신불산	1,159m	120	
연인산	1,068m	122	
오대산 (노인봉)	1,338m	124	
오대산 (비로봉)	1,563m	126	
오봉산 (5봉)	779m	128	
오서산	791m	130	
용문산 (가섭봉)	1,157m	132	
용봉산	381m	134	
용화산	878m	136	
운악산 (동봉)	937m	138	
운장산 (운장대)	1,126m	140	
월악산 (영봉)	1,097m	142	
월출산 (천황봉)	809m	144	
유명산	862m	146	
응봉산	998m	148	

〈목차〉

산 이름	높이	쪽수	도전 순서	산 이름	높이	쪽수	도전 순서
장안산	1,237m	150		칠갑산 (비로봉)	561m	186	
재약산 (수미봉)	1,119m	152		칠보산	778m	188	
조계산 (장군봉)	884m	154		태백산 (장군봉)	1,567m	190	
조령산	1,017m	156		태화산	1,027m	192	
주왕산 (주봉)	721m	158		팔공산 (비로봉)	1,193m	194	
주흘산 (주봉)	1,108m	160		팔봉산 (2봉)	327m	196	
지리산 (천왕봉)	1,915m	162		팔영산 (깃대봉)	608m	198	
지리산 (바래봉)	1,165m	164		한라산 (백록담)	1,950m	200	
지리산 (반야봉)	1,732m	166		함백산	1,573m	202	
천관산 (연대봉)	723m	168		화악산 (중봉)	1,446m	204	
천마산	812m	170		화왕산	756m	206	
천성산 (원효봉)	922m	172		황매산	1,113m	208	
천태산	715m	174		황석산	1,192m	210	
청계산 (매봉)	618m	176		황악산	1,111m	212	
청량산 (장인봉)	870m	178					
청화산	970m	180		안전한 등산을 위한 체크 리스트		219	
축령산	621m	182					
치악산 (비로봉)	1,288m	184					

《나의 도전 리스트》

순서	산	등반 날짜	책 쪽수	순서	산	등반 날짜	책 쪽수
001				018			
002				019			
003				020			
004				021			
005				022			
006				023			
007				024			
008				025			
009				026			
010				027			
011				028			
012				029			
013				030			
014				031			
015				032			
016				033			
017				034			

〈나의 도전 리스트〉

순서	산	등반 날짜	책 쪽수	순서	산	등반 날짜	책 쪽수
035				052			
036				053			
037				054			
038				055			
039				056			
040				057			
041				058			
042				059			
043				060			
044				061			
045				062			
046				063			
047				064			
048				065			
049				066			
050				067			
051				068			

순서	산	등반 날짜	책 쪽수	순서	산	등반 날짜	책 쪽수
069				086			
070				087			
071				088			
072				089			
073				090			
074				091			
075				092			
076				093			
077				094			
078				095			
079				096			
080				097			
081				098			
082				099			
083				100			
084							
085							

가리산 001
加里山

높이: 1,051m 위치: 강원 홍천·춘천

가리산이라는 이름은 순우리말 '가리'에서 유래했다. 이는 땔나무나 곡식을 쌓아둔 큰 더미를 뜻하며, 산의 봉우리가 고깔 모양을 이루고 있어 붙여진 이름이다. 특히 세 개의 봉우리가 나란히 솟아 있는 모습이 곡식 더미와 닮았다.

가리산에는 여산신이 부끄러움을 타 한 봉우리를 가렸다는 이야기와 결혼하지 못한 양반집 딸이 산신이 되었다는 이야기의 전설이 전해지면서 산의 신비로움을 더한다.

📍 소양호 조망

정상에 서면 소양호가 시원하게 펼쳐진다. 소양호는 남한 최대의 인공호수이자 '내륙의 바다'라 불리며, 탁 트인 호수 전망은 산행의 피로를 잊게 한다. 정상 근처에는 맑고 차가운 석간수 샘물이 있어 등산객들에게 청량함을 선사한다.

📍 용소계곡

광암리에서 천현리까지 10km 넘게 이어지는 계곡으로, 맑은 물과 기암괴석, 울창한 숲이 어우러져 깊은 자연미를 느낄 수 있다. 용소계곡 곳곳에 소(沼)와 너래바위가 펼쳐지고, 호랑이 전설 등 이야깃거리도 풍부하다.

나의 등산 일지

| 년 | 월 | 일 | | 번째 | 가리산 |

거리	소요 시간	날씨	난이도	평점
km	시간 분		☆☆☆☆☆	☆☆☆☆☆

| 코스 |

산행 후기

| 동행자 | 비용 | 도전 한마디 |

가리왕산

002
加里王山

높이: 1,561m   위치: 강원 정선·평창

가리왕산은 맥국의 갈왕 또는 가리왕이 난을 피해 이곳에 머물렀다는 전설에서 이름이 유래했다. 북쪽 골짜기에는 왕이 머물렀다는 대궐터의 흔적이 남아 있다.
갈왕산에서 가리왕산으로 이름이 바뀌었으며, 봉우리의 모습이 곡식이나 장작을 쌓아둔 '가리'처럼 생겼다는 이야기도 함께 전해진다. 이처럼 이름에 역사와 자연, 전설이 함께 담겨 있어 더욱 흥미롭다.

📍 망운대와 주목 군락

정상인 망운대는 동해까지 조망되는 탁월한 전망대로, 오대산과 태백산 등 명산들이 한눈에 들어온다. 능선에는 고산식물과 잣나무가 군락을 이루며, 이곳 주목 숲은 산림유전자원보호림으로 지정되어 생태적으로도 가치가 높다.

📍 회동계곡과 열목어

남쪽 회동계곡은 용탄천의 발원지로, 청정한 물에 천연기념물인 열목어가 서식한다. 열목어는 20℃ 이하의 냉수에서만 사는 희귀 어종으로, 가리왕산의 생태 건강성을 상징한다. 봄에는 철쭉, 가을엔 단풍으로 경관이 뛰어나다.

 **나의 등산 일지**

가리왕산

	년	월	일		번째	
거리	소요 시간		날씨	난이도	평점	
km	시간	분		☆☆☆☆☆	☆☆☆☆☆	

코스

산행 후기

동행자	비용	도전 한마디

가야산 003
伽倻山

높이: 1,430m | 위치: 경북 성주, 경남 합천

가야산이라는 이름은 고대 대가야국의 중심 산이었던 데서 비롯되었다는 설과 인도 부다가야의 신성한 산에서 이름을 가져왔다는 설이 함께 전해진다.

삼국시대에는 우두산이라 불렸으며, 산신제 때 소를 제물로 바쳤다는 기록이 남아있다. 예로부터 소백산, 오대산과 함께 삼재가 들지 않는 산으로 여겨져 민간신앙의 중심지 역할도 해왔다.

📍 해인사와 팔만대장경

가야산 중턱에 위치한 해인사는 신라시대에 창건된 사찰로, 팔만대장경이 봉안되어 있는 성지다. 장경판전은 자연통풍과 습도 조절이 뛰어나 세계에서 가장 오래된 목판경전을 온전하게 보존하고 있다.

📍 만물상과 홍류동계곡

가야산 만물상에는 코끼리, 돌고래, 불상 모양의 바위가 즐비해 신비한 분위기를 자아낸다. 홍류동계곡은 단풍이 짙어 물까지 붉게 물드는 곳으로, 가야산 19경 중 16경이 집중된 절경의 보고다.

 **나의 등산 일지**

가야산

년 월 일	번째
거리	소요 시간	날씨	난이도	평점
km	시간 분		☆☆☆☆☆	☆☆☆☆☆

코스

산행 후기

동행자	비용	도전 한마디

가야산 004
伽倻山

높이: 678m 위치: 충남 서산·예산

충남의 가야산은 백제시대에는 상왕산으로 불렸으며, 신라가 삼국을 통일한 뒤 가야사를 세우면서 가야산이라는 이름으로 바뀌었다. 불교의 영향으로 인도 부다가야의 성지인 가야산에서 이름을 빌려왔다는 설도 있다.

신라시대부터 명산으로 여겨졌고, 내포 불교의 중심지로 수많은 사찰과 불상이 이곳에 자리 잡았다. 백제와 신라의 역사가 중첩된 상징적인 산이다.

📍 서산 마애여래삼존상

가야산 자락의 암벽에는 '백제의 미소'로 불리는 서산 마애여래삼존상이 새겨져 있다. 여래입상을 중심으로 좌우에 보살입상과 반가사유상이 조화를 이루며 6~7세기 백제 불교미술의 절정을 보여준다.

📍 남연군 묘와 대원군 전설

흥선대원군 이하응은 이곳 풍수가 황제의 명당이라 하여 가야사를 불태우고 부친 남연군의 묘를 이장했다. 이후 고종이 태어났고, 1868년 독일인 오페르트의 도굴 시도는 조선의 쇄국정책 강화로 이어졌다.

나의 등산 일지

			번째	
년	월	일		

거리	소요 시간	날씨	난이도	평점
km	시간 분		☆☆☆☆☆	☆☆☆☆☆

코스

산행 후기

동행자	비용	도전 한마디

가지산

005
迦智山

높이: 1,241m　위치: 울산 울주, 경남 밀양, 경북 청도

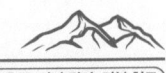

가지산의 이름은 본래 까치산에서 유래했다는 설과 석남산에서 비롯되었다는 설이 함께 전해진다. 이후 불교의 영향과 한자화 과정을 거치면서 가지산이라는 이름으로 불리고 있다.

신라 헌덕왕 때 도의국사가 창건한 석남사는 우리나라 최초로 선불교를 들여온 절로, 이후 선종의 요람이자 비구니 선찰로도 명성을 얻게 되었다. 철쭉나무 군락이 넓게 분포해 생태적 가치도 뛰어난 산이다.

♀ 영남알프스의 최고봉

태백산맥 남단의 영남알프스 중 가장 높은 산으로, 사방으로 운문산·천황산·신불산 등이 이어진다. 정상에 서면 알프스를 닮은 고봉군이 파노라마처럼 펼쳐져 웅장한 산세를 자랑한다.

♀ 철쭉 군락과 석남사

정상부에는 수십만 그루의 철쭉이 군락을 이뤄 장관을 연출한다. 한국전쟁 때 파괴되어 폐허가 된 석남사를 1957년 비구니 인홍 스님이 주지로 부임하여 대웅전, 극락전과 부속시설을 중수 중창하였다.

 **나의 등산 일지**

년　월　일　　　　　　번째 **가지산**

거리	소요 시간	날씨	난이도	평점
km	시간　분		☆☆☆☆☆	☆☆☆☆☆

코스

산행 후기

동행자	비용	도전 한마디

감악산 006
紺岳山

높이: 945m | 위치: 강원 원주, 충북 제천

감악산은 멀리서 바라볼 때 두 개의 봉우리가 짙은 남색, 즉 감색으로 보인 데서 이름이 유래했다고 전해진다. 산자락에는 불교와 천주교, 민간신앙이 공존하여 예로부터 성스러운 산으로 여겨졌다.

남쪽 배론성지는 조선 후기 천주교 박해를 피해 신자들이 숨어 살던 곳이며, 서쪽 신림면의 '신성한 숲'이라는 지명은 이 산의 영험함을 말해준다. 정상에는 감악산성의 흔적이 남아 있어 역사적 의미도 깊다.

♀ 신라 고찰 백련사

해발 800m 고지에 자리한 백련사는 의상대사가 창건한 천년 고찰이다. 하얀 연꽃이 피어났던 백련지에서 유래된 이름이며, 약수로 알려진 금수탕·은수탕이 절 주변에 있어 기도처로도 유명하다.

♀ 완만한 등산로와 조망

백련사에서 정상까지는 약 30분 거리여서 경사가 완만해 초보자도 쉽게 오를 수 있다. 정상에서 바라보면 제천 일대 산군이 탁 트인 조망으로 펼쳐지며, 하산길도 다양해 부담 없는 산행이 가능하다.

# 나의 등산 일지

감악산

	년	월	일		번째	
거리	소요 시간		날씨	난이도	평점
km	시간 분			☆☆☆☆☆	☆☆☆☆☆

코스

산행 후기

동행자	비용	도전 한마디

감악산

007
紺岳山

높이: 675m 위치: 경기 파주·양주·연천

경기도의 감악산은 바위 사이로 검푸른 빛이 쏟아진다 하여 '감색 바위산', 즉 감악이라 불리게 되었다. 지역 주민들 사이에서는 감박산으로 불리고, 무속계에서는 령신산 또는 영신산으로도 알려져 있으며, 삼국시대부터 명산으로 여겨졌다.

조선시대에는 북악·송악·관악·운악과 함께 경기 5악으로 지정되어 국행 제례를 올렸다. 한북정맥이 양주에서 갈라져 적성으로 뻗은 산줄기의 중심이기도 하다.

📍 신앙처와 역사 유적

감악산에는 범륜사, 봉암사, 미타암 등이 자리 잡고 있어 신앙적 색채가 짙다. 정상에는 감악산비가 남아 있으며, 진흥왕 순수비 또는 설인귀비라는 설이 전해진다. 임꺽정굴과 임꺽정봉, 설마리 전투터도 이 산의 역사성을 잘 보여준다.

📍 운계출렁다리와 범륜사

운계출렁다리는 길이 150m, 높이 45m로 국내 최장의 산악 현수교다. 다리를 건너면 범륜사에 닿는데, 동양 최초의 백옥석 관음상과 십이지신상이 조성되어 있다. 탁 트인 조망과 어우러져 감악산의 명물로 손꼽힌다.

나의 등산 일지

감악산

년	월	일		번째		
거리	소요 시간		날씨	난이도	평점	
km	시간	분		☆☆☆☆☆	☆☆☆☆☆	
코스						

산행 후기

동행자	비용	도전 한마디

계룡산 008
鷄龍山

높이: 766m | 위치: 충남 공주·계룡, 대전 유성

계룡산은 주봉인 천황봉에서 연천봉, 삼불봉으로 이어지는 능선이 닭의 볏을 단 용의 형상과 닮았다 하여 붙여진 이름이다. 백제시대에는 계산, 계람산으로 불렸다. 통일신라시대에는 오악 중 하나로 중시되었고, 국가 제사가 치러지던 장소이다. 조선 태조 때에는 무학대사가 이 산을 도읍지로 추천했을 만큼 명당으로 평가되었다.

📍 갑사와 호국불교 전통

갑사는 420년 아도화상이 창건하고 의상대사가 중수해 화엄십찰로 삼은 고찰이다. 임진왜란 때 승병을 이끈 영규대사의 활약으로 호국불교의 상징이 되었으며, 철당간과 승탑, 동종 등 다양한 보물이 전해진다.

📍 동학사와 충신 제향

동학사는 비구니 승가대학이 있는 사찰로, 고려·조선의 충신들을 모신 제향 공간이 함께 있다. 동계사에는 박제상, 숙모전에는 단종과 사육신이, 삼은각에는 정몽주, 이색 등의 위패가 모셔져 있어 역사적 의미가 깊다.

 **나의 등산 일지**

	년	월	일		번째	**계룡산**
거리		소요 시간		날씨	난이도	평점
km		시간 분			☆☆☆☆☆	☆☆☆☆☆
코스						

산행 후기

동행자	비용	도전 한마디

계방산 009
桂芳山

(높이: 1,577m) (위치: 강원 평창·홍천)

계방산은 '계수나무 계(桂)와 향기 방(芳)' 자를 써서 '계수나무 향기가 나는 산'이라는 뜻을 지닌다. 남한에서 다섯 번째로 높은 산으로, 한강기맥의 중심에 자리하면서 설악산과 태백산을 잇는 백두대간 중간 지점에 있다.

2002년 산림청이 선정한 100대 명산 중 하나이며, 2011년부터는 오대산국립공원에 포함되었다. 희귀수목인 주목과 철쭉나무, 야광나무가 군락을 이뤄 생태계 보존 가치가 높은 산이다.

📍 방아다리약수와 전설

계방산 자락에 위치한 방아다리약수는 조선 숙종 때부터 약효가 알려진 명천으로, 철분과 탄산 성분이 풍부해 위장병과 신경통 등에 효과가 있는 것으로 전해진다. 전설에 따르면, 한 아낙이 바위 위에서 방아를 찧던 중 방망이에 의해 바위가 갈라져 그 틈에서 약수가 솟아났다고 한다.

📍 운두령, 구름이 머리에 닿는 고개

운두령은 강원도 평창군과 홍천군 사이에 있는 해발 1,089m의 고갯길로, 계방산 서쪽 등산로의 대표 들머리다. 겨울철에는 눈꽃 산행 명소로 알려져 있으며, 봄·가을에는 야생화와 단풍이 아름답다.

 **나의 등산 일지**

	년	월	일		번째	**계방산**
거리		소요 시간		날씨	난이도	평점
km		시간 분			☆☆☆☆☆	☆☆☆☆☆

코스

산행 후기

동행자	비용	도전 한마디

관악산 010
冠岳山

높이: 629m   위치: 서울 관악·금천, 경기 안양·과천

관악산은 산 모양이 삿갓처럼 생겼다 하여 '갓뫼 또는 간뫼'로 불리다가 한자화되어 관악이 되었다. 험준한 봉우리와 기암괴석이 조화를 이루고, 사계절 경관이 아름다워 소금강 또는 서금강이라 불리기도 했다.
산의 불꽃 같은 형상이 화산(火山)으로 여겨져 풍수적으로 화재를 막는 의미로 광화문 옆에는 해태상, 산 정상에는 인공 못이 만들어졌다는 전설이 전해진다.

♀ 연주대와 왕실 이야기

정상부 기암 위의 연주대는 조선 태종이 세종에게 왕위를 물려주려던 시기에 형들이 왕궁을 바라보며 머물렀던 곳이라 전해진다. 이 전설로 '임금을 그리워하는 대'라는 뜻의 연주대라 불리게 되었으며, 인근 연주암에는 효령대군의 영정을 모신 효령각이 있다.

♀ 사찰과 문화유산

관악산에는 연주암과 삼막사, 마애미륵불 등 다양한 불교 유산이 있다. 고려시대 양식의 삼층석탑이 남아 있는 연주암과 삼막사에 전해지는 전설 그리고 중턱 바위면에 새겨진 조선시대 마애미륵불이 이 산의 깊은 역사와 문화 가치를 보여준다.

 **나의 등산 일지**

년   월   일   번째 **관악산**

거리	소요 시간	날씨	난이도	평점
km	시간 분		☆☆☆☆☆	☆☆☆☆☆

코스

산행 후기

동행자	비용	도전 한마디

광덕산

011
廣德山

높이: 699m | 위치: 충남 천안·아산

광덕산은 산세가 크고 풍요로워 덕이 있어 보인다는 데서 광덕이라는 이름이 붙여졌다. 차령산맥에 속한 천안에서 가장 높은 산으로, 전란이 있을 때 산이 운다는 전설이 전해질 만큼 신령하게 여겨졌다.
삼한시대에는 마한 목지국의 중심지였던 곳으로 추정되며, 고려 태조 왕건이 삼국을 통일한 후 천안부를 설치한 전략적 요충지로서의 역사도 지니고 있다.

📍 광덕사와 호두나무 시배지

832년 진산대사가 창건한 광덕사는 우리나라 호두 전래의 시작점으로 알려져 있다. 고려 충렬왕 때 유청신이 원나라에서 들여온 호두나무를 이곳에 심었고, 지금도 천연기념물 제398호 호두나무가 자라고 있다.

📍 문화유산과 등산 코스

광덕사에는 삼층석탑, 대웅전, 고려사경 등 다수의 문화재가 보존되어 있다. 광덕산 정상 부근의 장군바위를 잇는 천안 원점회귀 코스와 아산 방면 철마봉을 경유하는 코스가 대표적이다. 산 전체에 약 25만 그루가 넘는 호두나무가 자라 이색적인 풍경을 자랑한다.

 **나의 등산 일지**

	년	월	일		번째	광덕산
거리		**소요 시간**		**날씨**	**난이도**	**평점**
km		시간 분			☆☆☆☆☆	☆☆☆☆☆
코스						

산행 후기

동행자	**비용**	**도전 한마디**

구병산 012
九屛山

높이: 876m   위치: 충북 보은, 경북 상주

구병산은 아홉 개의 봉우리가 병풍처럼 이어졌다고 하여 붙여진 이름이다. 속리산에서 남쪽으로 뻗은 산줄기 위에 솟은 봉우리들이 웅장하면서도 수려한 자태를 이루고 있다.

보은 지역에서는 속리산 천왕봉을 아버지산, 구병산을 어머니산, 금적산을 아들산이라 하여 이 세 산을 '삼산(三山)'이라 불러왔다. 보은군청이 위치한 삼산이라는 지명도 여기서 유래했을 만큼 지형과 신앙, 지역 문화에 깊이 스며든 산이다.

♥ 천문대와 자연 명소

도심에서 떨어져 있는 청정지역인 구병산에는 국내 최초의 민간 천문대가 자리하고 있다. 맑은 하늘 아래 별 관측이 가능하며, 풍혈에서는 계절에 따라 따뜻하거나 차가운 바람이 나와 독특한 체험이 가능하다. 서원계곡, 만수계곡 등도 주변에 펼쳐 있다.

♥ 역사적 배경과 문화유산

신라가 서진할 때 요충지였던 이 일대에는 삼년산성과 같은 유적이 남아 있다. 선병국 고가와 정수암 터, 쌀이 나왔다는 전설의 쌀난바위 등도 산 곳곳에 자리하여 구병산의 역사적 깊이를 더해준다.

 **나의 등산 일지**

구병산

	년	월	일		번째	
거리	소요 시간		날씨	난이도	평점	
km	시간 분			☆☆☆☆☆	☆☆☆☆☆	

코스	

산행 후기

동행자	비용	도전 한마디

구봉산 013
九峰山 천왕봉

높이: 1,002m   위치: 전북 진안

구봉산은 뾰족하게 솟은 아홉 개의 암봉이 병풍처럼 이어져 있어 '아홉 봉우리의 산'이라는 뜻으로 불린다. '거북 구(龜)' 자에서 유래한 산으로, 엄마 거북이와 여덟 마리 새끼 거북이가 산을 오르다 바위가 되었다는 전설과 연결된다.

또 다른 설로 이 지역 출신 조선시대 학자 송익필의 호인 구봉에서 비롯되었다고도 전해진다. 봉우리들이 연꽃처럼 펼쳐져 연꽃산이라 불리기도 한다.

📍 현수교와 안전시설

4봉과 5봉 사이에는 100m 길이의 현수교가 걸려 있어 구봉산의 명물이 되었다. 험준했던 구간은 계단, 데크, 전망대를 설치하면서 대폭 정비되었고, 7봉과 8봉은 연결다리로 우회 가능하다. 암릉 능선이 인상적이며 조망도 뛰어나다.

📍 천황사와 계곡 경관

남동쪽 기슭의 천황사는 통일신라시대에 창건된 고찰이다. 물탕골과 연화골의 계곡물은 금강 상류를 이룰 만큼 수량이 풍부하고 경관이 수려하다. 정상에 오르면 덕유산과 지리산 그리고 용담호까지 한눈에 펼쳐진다.

나의 등산 일지

구봉산

년	월	일		번째

거리	소요 시간	날씨	난이도	평점
km	시간 분		☆☆☆☆☆	☆☆☆☆☆

코스

산행 후기

동행자	비용	도전 한마디

금수산 014
錦繡山

높이: 1,016m | 위치: 충북 단양·제천

금수산은 본래 백운산이라 불렸으나 조선 중기 단양 군수로 재임했던 퇴계 이황이 가을 단풍이 수놓은 듯 아름답다며 금수산이라 이름 붙였다는 이야기가 전해진다. 하지만 조선 초기 김일손의 기록에도 금수산이라는 이름이 나타나 이보다 앞선 시기부터 불렸던 것으로 추정된다. 현재도 산 남쪽 마을 이름이 백운동으로 남아 있어 옛 지명의 흔적을 간직하고 있다.

얼음골의 여름 신비

7부 능선의 얼음골은 여름에도 얼음이 나오는 독특한 장소다. 돌 아래를 들추면 밤톨 크기의 얼음이 나올 정도로 냉기가 강하며, 초복 무렵에 얼음이 가장 많다. 한여름에도 시원한 기운을 느낄 수 있는 명소이다.

용담폭포와 선녀탕

금수산 제1경으로 꼽히는 용담폭포는 30m 높이에서 계곡물이 암반 위로 떨어지며 장쾌한 물줄기를 이룬다. 선녀탕은 상탕, 중탕, 하탕으로 나뉘며, 청룡이 승천했다는 전설이 전해진다. 능강계곡과 어우러져 능강구곡의 아름다움을 완성한다.

 **나의 등산 일지**

					번째	금수산
년		월		일		
거리		소요 시간		날씨	난이도	평점
km		시간	분		☆☆☆☆☆	☆☆☆☆☆
코스						

산행 후기

동행자	비용	도전 한마디

금오산 015
金烏山 현월봉

높이: 976m 위치: 경북 구미·김천·칠곡

금오산은 원래 대본산으로 불렸으며, 고려시대에는 중국 숭산에 비견된다는 의미에서 남숭산이라 하였다. 현재의 이름은 신라시대 아도화상이 저녁노을 속을 날아가는 황금빛 까마귀를 보고 붙인 것으로 전해진다.

이는 금오산이 태양의 정기를 받은 신령한 산이라는 뜻을 담고 있으며, 이 외에도 거인산, 와불산, 필봉, 적봉, 노적봉 등 바라보는 방향에 따라 다양한 이름으로 불렸다. 역사와 전설이 어우러진 금오산은 지역 신앙과 문화의 중심지다.

📍 채미정과 야은 길재의 충절

산 입구에 있는 채미정은 고려 말 충신 길재를 기리기 위해 조선 영조 때 세워졌다. 고려가 멸망하자 벼슬을 버리고 금오산 아래에서 은거한 길재의 절개를 '고사리를 캔다'라는 고사에 빗대어 채미정이라 이름 붙였다.

📍 약사암과 마애여래입상

금오산 정상 절벽 위 약사암은 아찔한 위치에 자리한 암자다. 그 아래 암벽에는 보물 제490호 마애여래입상이 새겨져 있으며, 좌우 암벽을 활용해 독특한 형식으로 조성된 고려시대 불상으로 예술적 가치가 높다.

 **나의 등산 일지**

			번째	**금오산**
년	월	일		

거리	소요 시간	날씨	난이도	평점
km	시간 분		☆☆☆☆☆	☆☆☆☆☆

코스

산행 후기

동행자	비용	도전 한마디

금정산 016
金井山 고당봉

(높이: 801m) (위치: 부산 금정·북구, 경남 양산)

금정산의 이름은 정상 바위 위에 있는 금샘에서 유래했다. 〈신증동국여지승람〉에는 "산꼭대기 돌 위에 우물이 있고, 물은 마르지 않으며 황금빛을 띤다"라고 기록되어 있다.

전설에 따르면, 금빛 물고기 한 마리가 오색구름을 타고 하늘에서 내려와 이 샘에서 놀았다고 한다. 그로 인해 산 이름은 금정산, 샘은 금샘, 아래 절은 범어사로 명명되었다. 이 황금 물고기의 전설은 산 전체를 감도는 신령한 분위기의 바탕이 되었다.

📍 금샘과 전설의 무대

고당봉 아래 바위 꼭대기에 자리한 금샘은 둘레 3m, 깊이 25cm의 샘물로, 1년 내내 마르지 않는다. 특히 석양 무렵엔 금빛 물결이 반사되어 마치 황금 물고기가 노니는 듯한 장면을 연출하며, 샘이 마르면 재앙이 온다는 전설이 전해진다.

📍 금정산성과 산성마을

금정산성은 길이 17km로 국내 최대 규모를 자랑하는 석축 산성이다. 숙종 때 축조되었으며, 현재 동서남북 4개 문과 일부 성곽이 복원되었다. 산 중턱의 산성마을은 전통 막걸리와 염소 불고기로 유명해 등산객들의 쉼터가 되고 있다.

나의 등산 일지

				번째	**금정산**
년	월	일			

거리	소요 시간	날씨	난이도	평점
km	시간 분		☆☆☆☆☆	☆☆☆☆☆

코스

산행 후기

동행자	비용	도전 한마디

경주 남산 017
南山 금오봉

(높이: 468m) (위치: 경북 경주)

신라 수도 서라벌의 남쪽에 위치해 남산이라 불리며, 삼국유사에는 신라인들이 이 산을 신령한 존재가 변해 만든 성산이라 믿었다는 기록이 전해진다. '나정'에서는 시조 박혁거세가 태어났고, '오지암'에서는 화백회의가 열렸다.

불교 공인 이후에는 남산 전체를 이상세계인 수미산에 비유하며 '부처의 나라'를 만들려는 의지를 담았다. 북쪽 금오봉과 남쪽 고위봉을 잇는 연봉을 통틀어 남산이라 부르며, 신라 천년의 시작과 끝을 모두 지켜본 상징적 산이다.

📍 노천 불교 박물관

경주 남산에는 절터 147개, 불상 118기, 석탑 96기를 비롯한 672점의 불교 문화유산이 산재한다. 삼릉계곡 마애불과 배동 석조여래삼존입상 등 신라 불교 예술의 정수가 곳곳에 퍼져 있어 '걸어서 보는 야외 박물관'이라 불린다.

📍 신라 역사의 시작과 끝

남산 자락의 나정은 시조 박혁거세의 탄생지로, 신화적 기원을 품은 장소다. 반면 포석정은 신라 마지막 임금 경애왕이 견훤에게 피습당한 비극의 현장으로, 신라의 시작과 끝이 공존하는 역사적 성지다.

 **나의 등산 일지**

경주 남산

년 월 일	번째			
거리	소요 시간	날씨	난이도	평점
km	시간 분		☆☆☆☆☆	☆☆☆☆☆

코스

산행 후기

| 동행자 | 비용 | 도전 한마디 |

변산

018
邊山 관음봉

높이: 424m | 위치: 전북 부안

삼국유사에 따르면, 변산은 삼한시대 변한에서 그 이름이 유래하였다고 전해진다. 변한을 백제의 전신으로 보는 견해에 따라 백제 영토에 있었던 산이라 하여 변산이라 불렸다는 것이다.

또 다른 설에는 '변(邊)'이 가장자리, 경계를 뜻하므로 육지의 끝자락에서 바다 쪽으로 돌출된 지형을 가리킨 이름이라는 해석도 있다. 단순한 산 이름을 넘어 삼한시대의 역사와 한민족의 뿌리를 담고 있는 지명이다.

📍 내소사 전나무 숲길

내소사 일주문에서 사천왕문까지 이어지는 500m 전나무 숲길은 평균 수령 150년 이상 나무 700여 그루가 빼곡히 서 있다. 임진왜란 이후 내소사 복원 과정에서 조성된 이 숲길은 '한국의 아름다운 길 100선'에 선정되었으며, 걷는 이의 마음을 정화시킨다.

📍 변산 8경과 해안 절경

내변산의 직소폭포와 봉래구곡, 외변산의 채석강과 적벽강이 어우러져 변산 8경을 이룬다. 채석강은 중국 이태백이 노닐었다는 이름에서 유래했고, 깎아지른 해안 절벽은 장관을 이뤄 관광객의 발길이 끊이지 않는다.

 **나의 등산 일지**

년　　월　　일　　　　　　　번째　**변산**

거리	소요 시간	날씨	난이도	평점
km	시간　분		☆☆☆☆☆	☆☆☆☆☆

코스

산행 후기

동행자	비용	도전 한마디

내연산 019
內延山 삼지봉

높이: 711m 위치: 경북 포항·영덕

내연산은 원래 종남산이라 하였으나 신라 진성여왕이 후백제 견훤의 침입을 피해 이 산 깊은 곳으로 피신하면서 내연산으로 불리게 되었다. 내연은 '안쪽으로 깊이 뻗은'이란 뜻으로, 외부의 위협을 피할 만큼 은밀하고 깊숙한 산세를 의미한다.

이후 내연산은 은둔과 피난의 상징으로 알려졌으며, 왕실도 숨을 만큼 고요하고 신령한 산으로 인식되었다. 고대부터 피안의 공간으로 존중받은 내력 있는 산이다.

📍 12폭포와 영남의 금강산

내연산은 12개의 폭포가 연이어 펼쳐지는 비경으로 유명하다. 삼보폭포, 관음폭포, 연산폭포 등이 계곡을 따라 이어지며, 특히 관음폭포 위의 구름다리와 30m 높이의 연산폭포는 절경이다. 예로부터 '영남의 금강산'으로 불렸다.

📍 보경사와 문화유산

산 입구에 자리한 보경사는 602년 지명법사가 창건한 천년고찰이다. 보물로 지정된 원진국사비와 승탑을 비롯해 귀중한 유물이 남아 있다. 절 주변은 화산암 지형과 기암절벽이 어우러져 산과 바다 풍광을 동시에 품은 독특한 경관을 자랑한다.

 **나의 등산 일지**

내연산

	년	월	일		번째	
거리	소요 시간		날씨	난이도	평점	
km	시간 분			☆☆☆☆☆	☆☆☆☆☆	

코스	

산행 후기

동행자	비용	도전 한마디

내장산 020
內藏山 신성봉

높이: 763m | 위치: 전북 정읍·순창, 전남 장성

내장산은 본래 산속에 있던 절의 이름을 따라 영은산이라 하였으나, 이후 산 안에 무궁무진한 보물이 감춰져 있다는 의미에서 내장산으로 불리게 되었다.

내장은 '안에 감추다'라는 뜻으로, 속세와 단절된 깊은 계곡과 수많은 명승지, 신령한 장소가 곳곳에 숨겨져 있다는 의미를 담고 있다. 백제 무왕 때 창건된 영은사는 내장사의 전신으로, 조선 중기 희묵대사가 중창하면서 절 이름도 산 이름에 맞춰 내장사로 바뀌었다.

📍 내장사와 백제의 불교 문화

내장사는 백제 무왕 37년인 636년에 창건되었으며, 전성기에는 50여 동의 건물이 있는 대가람이었다. 임진왜란 때는 조선왕조실록과 태조 어진을 옮겨와 승병들이 지켰다는 이야기로 그 역사적 가치가 더욱 높아졌다.

📍 금선폭포와 신선문

내장산 금선계곡에는 높이 18m의 금선폭포가 있어 절경을 이룬다. 인근의 천연동굴 신선문은 옛 승려들이 목욕재계하며 천일기도를 올렸던 수행처로, 이곳에서 신선이 되었다는 전설이 전해진다.

 **나의 등산 일지**

년	월	일		번째	**내장산**

거리	소요 시간	날씨	난이도	평점
km	시간 분		☆☆☆☆☆	☆☆☆☆☆

코스

산행 후기

동행자	비용	도전 한마디

달마산 021
達磨山 달마봉

(높이: 489m) (위치: 전남 해남)

달마산이라는 이름은 경전을 봉안한 성스러운 산이라는 뜻과 선종의 시조 달마대사의 법신이 늘 이곳에 머문다는 신앙적 의미에서 비롯되었다.

미황사 사적비에는 중국 남송의 고관들이 이곳을 방문해 "우리 같은 외국인은 평생 한 번 오기도 어려운 성지에 너희는 태어났으니 복이 많다"라고 감탄한 기록이 남아 있다. 이러한 일화는 달마산이 예로부터 수행과 깨달음의 터전이자 영적 권위가 깊은 산이었음을 보여준다.

📍 미황사와 석선의 전설

신라시대 의조가 석선에서 발견한 화엄경과 불상을 소에 싣고 옮기다 소가 멈춘 곳에 세운 절이 미황사다. '미(美)' 자는 소의 울음이 아름다웠다는 의미이고, '황(黃)' 자는 금인의 색을 뜻한다. 전설이 깃든 천년고찰로 지금도 많은 사람이 찾는다.

📍 남도의 금강산

달마산 능선은 12km 이상 이어지는 바위 능선으로, 암릉과 조망이 뛰어나 '남도의 금강산'이라 불린다. 진달래와 철쭉, 억새가 사시사철 절경을 이루며, 맑은 날엔 다도해와 한라산까지 조망된다.

나의 등산 일지

달마산

년	월	일		번째	
거리	소요 시간		날씨	난이도	평점
km	시간 분			☆☆☆☆☆	☆☆☆☆☆
코스					

산행 후기

동행자	비용	도전 한마디

대둔산 022
大芚山 마천대

높이: 878m 위치: 전북 완주, 충남 논산·금산

대둔산은 본래 한듬산으로 불렸다. '듬'은 두메, 더미, 구역 등을 뜻하는 말로 '큰 두메산 또는 큰 바윗덩이 산'을 의미한다. 지형이 계룡산과 비슷하지만, 명당자리를 빼앗겨 '한이 서린 산'이라는 의미도 있다.

최고봉인 마천대는 원효대사가 '하늘에 닿는다'라는 뜻으로 이름 지었다고 전해지며, 이 산을 발견한 기쁨에 3일 동안 춤을 추었다는 설화가 있다. 산중에는 태고사를 비롯해 원효대사와 관련 깊은 고찰이 여럿 남아 있다.

📍 금강구름다리와 삼선계단

임금바위와 입석대를 잇는 금강구름다리는 높이 81m, 길이 50m로 긴장감 넘치는 구조물이다. 이어지는 삼선계단은 51도 경사의 철계단으로, '천국으로 가는 계단'이라 불린다. 암릉과 어우러진 절경은 '호남의 소금강'이라 불릴 만큼 인상적이다.

📍 동학농민군 최후 항전지

1894년 우금치 전투 패배 후 동학농민군 지도부는 대둔산 깊은 곳에 진지를 마련하고 최후의 항전을 벌였다. 이들은 끝까지 저항하다 벼랑에서 몸을 던졌고, 삼선계단 입구의 '동학군 최후 항전지' 표지가 그 치열했던 흔적을 전하고 있다.

 **나의 등산 일지**

대둔산

	년	월	일		번째	
거리		소요 시간		날씨	난이도	평점
km		시간 분			☆☆☆☆☆	☆☆☆☆☆

코스

산행 후기

동행자	비용	도전 한마디

대야산 023
大耶山

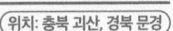
높이: 931m | 위치: 충북 괴산, 경북 문경

'대야'라는 이름의 정확한 어원은 전해지지 않으나 한자 의미로는 '크고 옳다'라는 뜻을 지니며, 이로부터 '크고 아름다운 산'이라는 해석이 가능하다. 고려시대부터 다양한 이름으로 불리다가 조선 후기에 이르러 대야산으로 정착되었다.

험준한 암릉과 깊은 계곡, 유서 깊은 명소들이 어우러져 산세는 수려하고 기운은 고요하다. 충북 괴산과 경북 문경을 잇는 대표적인 명산으로 꼽힌다.

♥ 용추계곡의 절경

대야산의 대표 명소인 용추계곡에는 세 마디로 나뉜 용추폭포가 자리한다. 암수 용이 승천했다는 전설이 전해지며, 폭포 아래에는 하트 모양의 깊은 소가 있어 신비로움을 더한다. 계곡 양쪽 바위에는 최치원이 새긴 음각 글씨도 남아 있어 역사적 가치가 높다.

♥ 월영대의 낭만

용추폭포에서 20분쯤 오르면 넓은 바위와 맑은 물이 어우러진 월영대가 나온다. 밤에 달빛이 물에 비치는 풍경이 낭만적이라 하여 이름이 붙여졌다. 다래골과 피아골이 만나는 합수점으로, 정상으로 가는 두 등산로의 갈림길이기도 하다.

나의 등산 일지

	년	월	일		번째	**대야산**
거리		소요 시간		날씨	난이도	평점
km		시간 분			☆☆☆☆☆	☆☆☆☆☆
코스						

산행 후기

동행자	비용	도전 한마디

덕룡산 024
德龍山 서봉

(높이: 432m) (위치: 전남 강진)

덕룡산은 '덕(德)과 룡(龍)'이 결합한 이름으로, 덕망 높은 용이 승천한 산이라는 전설에서 비롯되었다. 한자 덕은 사람의 올바른 마음을 뜻하며, 용은 신령한 존재로 고대부터 신성함의 상징이다.

산의 전체적인 형세가 용이 하늘로 오르는 듯한 곡선과 기세를 띠고 있어 덕룡산이라는 이름이 붙은 것으로 알려졌다. 단순한 지명 이상의 의미를 지닌 이 산은 강진 지역에서 정신적 상징성을 가진 명산이다.

📍 강진의 소금강

덕룡산은 '강진의 소금강'이라 불릴 정도로 빼어난 경관을 자랑한다. 특히 소석문은 자연이 만든 돌문으로 유명하며, 이곳부터 이어지는 암릉은 공룡능선에 견줄 만큼 압도적이다. 날카로운 쌍봉과 기암괴석들이 절묘하게 어우러진 풍경이 백미다.

📍 암릉의 극치

덕룡산은 암릉과 초원 능선이 조화를 이루며 능선미의 진수를 보여준다. 진달래가 만개하는 봄이면 바위 능선과 어우러져 장관을 이루며, 남해 조망도 일품이다. 밧줄 구간이 많은 긴장감 넘치는 코스로 산행을 즐기기에 제격이다.

 **나의 등산 일지**

				번째	**덕룡산**
년	월	일			

거리	소요 시간	날씨	난이도	평점
km	시간 분		☆☆☆☆☆	☆☆☆☆☆

코스	

산행 후기

동행자	비용	도전 한마디

덕유산 025
德裕山 향적봉

높이: 1,614m | 위치: 전북 무주·장수, 경남 거창·함양

덕유산은 '덕이 많고 너그러운 산'이라는 의미를 지녔다. '덕(德)'은 사람의 품격과 도를, '유(裕)'는 넉넉함과 관용을 뜻한다. 본래 광여산이라 하였으나 임진왜란 때 이곳으로 피신한 백성들을 짙은 안개가 가려줘 왜병의 눈을 피하게 했다는 전설이 전해지면서 '덕 있는 산'이라는 뜻의 덕유산으로 불리게 되었다. 조선 건국 이전 이성계가 이곳에서 산신제를 지냈다는 설화도 남아 있다.

📍 구천동 33비경

구천동 계곡은 28km에 걸쳐 33개의 절경이 펼쳐지는 덕유산의 대표 명소다. 수경대, 청류동, 금포탄 등 명소마다 이름과 전설이 깃들어 있다. 구천동은 수도하던 승려 9천 명에서 비롯됐다는 설과 기암괴석이 9천 개라는 설이 함께 전해진다.

📍 남한의 4번째 고봉

주봉인 향적봉을 중심으로 남덕유산까지 이어지는 20km 능선에는 1,000m급 봉우리가 20개 넘게 이어진다. 겨울에는 상고대와 눈꽃으로 유명하며, 철쭉이 피는 6월에는 분홍빛 장관이 펼쳐진다. 1975년 국립공원으로 지정된 한국 대표 명산이다.

나의 등산 일지

	년	월	일		번째	덕유산

거리	소요 시간	날씨	난이도	평점
km	시간 분		☆☆☆☆☆	☆☆☆☆☆

코스	

산행 후기

동행자	비용	도전 한마디

 **026**
德項山

높이: 1,071m / 위치: 강원 삼척

덕항산이라는 이름은 순우리말 '덕메기산'에서 유래했다. 과거 대이리와 대기리 주민들이 이 산 너머에 화전을 일굴 수 있는 평탄한 땅이 있어 '덕을 본다'라고 하여 덕메기산이라 불렀다고 한다.

여기서 덕메기는 '이익을 얻는다'라는 뜻을 지닌 말로, 생계와 연결된 희망의 지명이었다. 이를 한자로 바꾸면서 '덕을 얻는 산등성이'라는 의미의 덕항산이 되었다. 풍요에 대한 염원이 담긴 이름으로, 삶의 터전이 된 산이다.

📍 지하 금강산, 환선굴

덕항산 중턱에 있는 환선굴은 '지하의 금강산'으로 불리는 대형 석회암 동굴이다. 총 길이 6.2km 중 1.6km가 공개되어 있으며, 선녀가 목욕하다 사라졌다는 전설에서 이름이 유래했다. 웅장한 종유석과 석순이 장관을 이룬다.

📍 황금빛 대금굴의 신비

2003년 발견된 대금굴은 외부에 노출되지 않아 더욱 신비롭다. 황금빛 생성물로 '대금(大金)'이란 이름이 붙여졌으며, 국내 유일하게 모노레일로 내부 진입이 가능하다. 비룡폭포, 천지연 호수 등 거대한 지하 경관이 펼쳐진다.

나의 등산 일지

				번째	**덕항산**
년	월	일			
거리	소요 시간	날씨	난이도	평점	
km	시간 분		☆☆☆☆☆	☆☆☆☆☆	

| 코스 | |

산행 후기

| 동행자 | 비용 | 도전 한마디 |

도락산 027
道樂山

높이: 964m | 위치: 충북 단양

도락산이라는 이름은 조선 중기 주자학의 대가 우암 송시열이 지은 것으로 알려져 있다. "깨달음에는 반드시 길이 있고, 그 길에는 즐거움이 따르게 마련이다"라는 철학적 사유가 담겨 있다.

'도(道)'는 수양과 학문의 길을, '락(樂)'은 그 길에서 느끼는 기쁨을 의미하며, 이는 학문에 즐거움이 동반돼야 한다는 송시열의 교육관을 반영한다. 도락산은 그 자체로 성리학적 성찰과 자연 속 유희가 어우러진 이름이라 할 수 있다.

📍 월악산국립공원의 경관

도락산은 월악산국립공원의 일부로 편입되어 있으며, 바위산 특유의 암릉미가 돋보인다. 신선봉, 검봉, 형봉 등 암봉이 능선을 따라 이어지며, 정상에서 소백산과 월악산 일대의 봉우리들을 조망할 수 있어 시원한 개방감을 준다.

📍 단양 8경과의 만남

도락산 주변에는 사인암과 상선암, 중선암, 하선암이 인접해 있다. 특히 사인암은 고려 말 역동 우탁이 머물렀던 곳으로, 바위 절경이 마치 해금강을 연상시킨다. 산행과 단양 8경을 함께 즐길 수 있는 특별한 명소다.

 **나의 등산 일지**

도락산

거리	소요 시간	날씨	번째	난이도	평점
km	시간 분			☆☆☆☆☆	☆☆☆☆☆

코스

산행 후기

동행자	비용	도전 한마디

도봉산 028
道峰山 신선대

높이: 726m　위치: 서울 도봉, 경기 의정부·양주

도봉산의 이름에는 두 가지 유래가 전해지고 있다. 하나는 산 전체가 거대한 바위 봉우리로 이루어져 있어 '돌바위 산', 즉 도봉이라 불렸다는 설이다.

다른 하나는 무학대사가 조선 개국의 도를 닦은 산이라 하여 '도(道)의 봉우리'라 명명했다는 설로, 조선 왕조의 정신적 터전이라는 의미도 함께 담겨 있다. 한양의 북쪽 관문에 위치한 도봉산은 지리적으로나 상징적으로 조선 개국과 깊은 인연을 지닌 산으로 평가된다.

📍 수도권 최고의 암벽등반 명산

자운봉, 선인봉, 오봉 등 웅장한 화강암 봉우리는 도봉산의 대표적 풍경이다. 선인봉에는 37개 암벽등반 코스가 개발되어 있어 전국 최고의 스포츠클라이밍 명소로 꼽힌다. 다락능선, Y계곡 등 암릉 코스도 유명해 산악인들의 사랑을 받고 있다.

📍 역사와 문화가 살아 있는 산

도봉산 자락에는 서울 유일의 서원인 도봉서원이 있으며, 조광조와 송시열의 위패가 함께 모셔져 있다. 문사동계곡은 조선 선비들이 학문과 휴식을 즐기던 곳으로, 망월사와 천축사, 원통사 등 유서 깊은 사찰도 곳곳에 남아 있어 역사문화 탐방지로도 손색이 없다.

 **나의 등산 일지**

도봉산

거리	소요 시간	날씨	난이도	평점
km	시간 분		☆☆☆☆☆	☆☆☆☆☆

년 월 일 번째

| 코스 | |

산행 후기

동행자	비용	도전 한마디

동악산

029
動樂山 시루봉

높이: 735m 위치: 전남 곡성

'악(樂)' 자는 흔히 '락'으로 읽지만, 동악산의 악은 풍류의 음악을 뜻하는 '악'으로 읽는다. 이는 천상의 노래가 울려 퍼졌다는 전설에서 비롯되었다.

원효대사가 성출봉 아래 길상암에서 수행 중, 꿈에 16아라한이 나타나 성출봉에 올라가니 아라한 석상이 솟아났고, 그들을 길상암에 모신 후 매일 육시(오전 9시경)마다 천상의 음악이 울렸다는 전설이 전해진다. 이로 인해 산 전체가 음악과 신령한 기운이 깃든 풍류의 성지로 여겨진다.

📍 삼남 제일의 암반 계류

동악산 청류동계곡은 넓은 암반 위로 물줄기가 시원스럽게 흘러 삼남 제일의 암반 계류라 불린다. 단심대, 낙락대 등에는 선현들의 시와 이름이 새겨져 있어 풍류의 멋과 역사적 흔적을 함께 느낄 수 있다.

📍 곡성의 진산, 명품 숲길

곡성의 진산인 동악산은 북봉(동악산)과 남봉(형제봉)으로 나뉘며, 원효대사가 창건한 도림사가 산 남쪽에 있다. 곡성군은 동악산 명품 숲길과 하늘정원 등을 조성하여 천혜의 자연 속에서 힐링과 산행을 동시에 즐길 수 있는 명소로 꾸몄다.

나의 등산 일지

| 년 | 월 | 일 | | 번째 | **동악산** |

거리	소요 시간	날씨	난이도	평점
km	시간 분		☆☆☆☆☆	☆☆☆☆☆

| 코스 | |

산행 후기

| 동행자 | 비용 | 도전 한마디 |

두륜산

030
頭輪山 가련봉

높이: 703m   위치: 전남 해남

두륜산이라는 이름은 백두산의 '두(頭)'와 곤륜산의 '륜(輪)'을 따서 지었다고 〈대둔사지〉에 기록되어 있다. 원래는 큰 언덕을 뜻하는 '대듬 또는 한듬'으로 불렸고, 산속의 사찰 이름을 따 대둔산이라 하기도 했다. 이후 사찰 이름이 대흥사로 바뀌면서 대흥산으로 불렸으며, 한반도 최남단에서 중국을 바라보는 듯한 지리적 상징성으로 두륜산이란 이름이 정착되었다.

📍 호국불교의 성지, 대흥사

두륜산의 중심 사찰인 대흥사는 서산대사의 유언에 따라 의발이 봉안된 호국불교의 도량이다. 임진왜란 당시 승병을 이끈 정신적 중심지였으며, 2018년 유네스코 세계문화유산으로 등재되어 그 역사적 가치를 인정받았다.

📍 난대 식생의 보고, 동백숲

두륜산은 가련봉을 중심으로 8개의 봉우리가 펼쳐진 산군으로, 난대성과 온대성이 공존하는 숲을 이룬다. 특히 대흥사에서 진불암까지 이어지는 동백꽃길은 봄철이면 붉은 꽃으로 장관을 이루며 탐방객의 발길을 끈다.

 **나의 등산 일지**

두륜산

	년	월	일		번째	
거리		소요 시간		날씨	난이도	평점
km		시간 분			☆☆☆☆☆	☆☆☆☆☆

코스

산행 후기

동행자	비용	도전 한마디

두타산 031
頭陀山

높이: 1,353m 위치: 강원 동해·삼척

두타산이라는 이름은 불교 용어인 '두타행(頭陀行)'에서 유래했다. 이는 번뇌와 욕심을 내려놓고 고행을 실천하는 수행을 뜻하며, 예로부터 이 산의 깊은 골짜기와 암자에서 수행하던 승려들이 많아 붙여진 이름이다.

강원도 동해와 삼척 경계에 자리하며, 산세가 험하고 암릉이 발달해 강한 인상을 준다. 용추폭포와 쌍폭포, 무릉 계곡 등 단풍의 명소가 펼쳐져 있고, 지금도 원시림이 살아 숨 쉬는 명산이다.

📍 기암괴석과 물소리의 조화, 무릉계곡

삼화사에서 쌍폭포까지 이어지는 4km의 계곡은 거대한 암반 위를 흐르는 물줄기와 기암괴석이 어우러져 장관을 이룬다. 조선 묵객들의 글씨가 각자된 바위가 정취를 더한다.

📍 하늘 찌르는 베틀바위

무릉계곡 끝자락에 우뚝 솟은 베틀바위는 하늘나라 선녀가 규율을 어기고 내려와 비단을 짜던 곳이라는 이야기가 전해지고 있으며, 마치 수직으로 선 직물틀을 연상시킨다. 두타산을 상징하는 대표 명소로 암릉미가 뛰어나다.

 나의 등산 일지

	년	월	일		번째	**두타산**
거리		**소요 시간**		**날씨**	**난이도**	**평점**
km		시간 분			☆☆☆☆☆	☆☆☆☆☆
코스						

산행 후기

동행자	**비용**	**도전 한마디**

마니산 032
摩尼山

높이: 472m 위치: 인천 강화

마니산이라는 이름은 〈고려사〉, 〈세종실록지리지〉 등에 마리산(摩利山) 또는 두악(頭嶽)으로 기록되어 있다.

마리는 중세 국어로 '머리'를 뜻하며, 이는 강화도에서 가장 높은 산이라는 의미를 담고 있다. 지금도 지역 주민들은 마리산이라 부르고 있으며, 이 표현이 원래 이름에 더 가깝다고 여긴다. 결국 마니산은 '산의 머리 또는 우두머리 산'이라는 뜻으로 이해된다.

📍 참성단, 하늘에 제를 올리던 제단

정상에는 단군이 제사를 지냈다는 참성단이 있다. 하원상방형의 석조 제단으로, 지금도 매년 개천절에 제천 행사가 거행되며, 전국체전 성화 채화지로도 유명한 민족의 성지다.

📍 정수사, 천년 고찰이 품은 맑은 샘

산 동편 자락의 정수사는 639년 회정선사가 창건했으며, 맑은 샘이 솟아 정수사라 불리게 되었다. 이곳에서 시작해 918계단을 오르는 길은 마니산의 대표 등산 코스다.

나의 등산 일지

년 월 일			번째 마니산	
거리	소요 시간	날씨	난이도	평점
km	시간 분		☆☆☆☆☆	☆☆☆☆☆
코스				

산행 후기

동행자	비용	도전 한마디

마이산 033
馬耳山

높이: 686m | 위치: 전북 진안

마이산이라는 이름은 조선 태종 시기부터 사용되기 시작했으며, 두 봉우리가 말의 귀처럼 나란히 솟은 모습에서 유래하였다. 신라시대에는 서다산, 고려시대에는 용출산, 조선 초기에는 속금산 등 시대마다 이름이 달랐다.

계절에 따라 이름도 달라지는데, 봄에는 돛대봉, 여름엔 용각봉, 가을엔 마이봉, 겨울엔 문필봉이라 불린다. 하나의 산이지만 보는 각도와 시기마다 다른 얼굴을 지닌 신비로운 산이다.

📍 탑사와 108기 돌탑의 신비

탑사는 이갑룡 처사가 혼자 쌓은 석탑 108기로 유명하다. 자연석을 다듬지 않고 수직으로 올린 이 탑들은 폭풍에도 쓰러지지 않아 '신비의 돌탑'이라 불린다. 탑사 근처에는 능소화가 있어 산행의 즐거움을 더한다.

📍 수성암 지형과 타포니의 경이로움

마이산은 자갈과 모래가 굳어진 수성암으로 이루어져 있으며, 남쪽에서 보면 움푹 패인 타포니 지형이 뚜렷하다. 중생대 백악기 말 화산 활동의 흔적을 생생하게 볼 수 있다.

 **나의 등산 일지**

				번째	**마이산**
년	월	일			
거리	소요 시간	날씨	난이도	평점	
km	시간 분		☆☆☆☆☆	☆☆☆☆☆	
코스					

산행 후기

동행자	비용	도전 한마디

명지산 034
明智山

높이: 1,267m   위치: 경기 가평

명지산이라는 이름은 본래 맹주산에서 비롯된 것으로 전해진다. 주위 산들 가운데 우두머리처럼 우뚝 솟은 산세를 가졌기에 '맹주(盟主)'라 불렸고, 이것이 점차 변해 명지산이 되었다는 설이 유력하다.

경기도 가평 북부에 자리하며, 화악산 다음으로 높은 해발 1,267m의 고봉으로, 울창한 숲과 웅장한 산세를 자랑하는 경기도의 명산이다.

📍 명지단풍과 생태계의 보고

명지산은 가평 8경 가운데 제4경으로 꼽히는 '명지단풍'으로 유명하다. 가을이면 기암괴석과 고목 사이로 선명한 단풍이 물들어 장관을 이룬다. 산 전체가 생태계보전지역으로 지정되어 희귀 곤충과 식물의 보고로 꼽힌다.

📍 계곡길과 진달래 군락의 절경

명지천이 흐르는 계곡은 천연림과 어우러져 깊은 산속의 청량함을 전한다. 봄철이면 아재비고개와 사향봉 일대가 진달래로 붉게 물들며, 정상까지 이어지는 길목마다 용소와 폭포로 절경이 이어진다.

나의 등산 일지

번째 **명지산**

년	월	일

거리	소요 시간	날씨	난이도	평점
km	시간 분		☆☆☆☆☆	☆☆☆☆☆

코스

산행 후기

동행자	비용	도전 한마디

모악산 035
母岳山

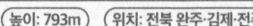

높이: 793m   위치: 전북 완주·김제·전주

모악산이라는 이름에는 두 가지 유래가 전해진다. 하나는 '엄뫼'라는 순우리말에서 비롯되었다는 것으로, 아주 높은 산을 뜻하던 엄뫼가 한자어로 바뀌면서 어머니 산, 즉 '모악(母岳)'이 되었다는 설이다.

또 다른 하나는 정상 부근에 아기를 안은 어머니 형상의 바위가 있어 모악산이라 불리게 되었다는 설이다. 모악산은 진달래와 철쭉이 유명한 호남 4경의 하나이다.

📍 미륵신앙의 중심, 금산사

모악산 서쪽 기슭에 자리한 금산사는 백제 법왕 원년에 창건되어 미륵신앙의 본산으로 알려졌다. 국보 제62호 미륵전과 거대한 미륵불상이 대표적이며, 예로부터 신흥종교와 신비주의 신앙의 중심지로도 기능했다.

📍 호남평야의 조망터

정상에 오르면 김제평야와 만경평야가 시원하게 펼쳐진다. 모악산의 물줄기는 여러 저수지를 거쳐 호남평야를 적시며, 특히 봄이면 진달래와 벚꽃이 어우러져 '모악춘경'이라 불리는 절경을 이룬다.

 **나의 등산 일지**

	년	월	일		번째	**모악산**
거리		**소요 시간**		**날씨**	**난이도**	**평점**
km		시간 분			☆☆☆☆☆	☆☆☆☆☆

코스	

산행 후기

동행자		**비용**		**도전 한마디**	

무등산 036
無等山 서석대

(높이: 1,100m) (위치: 광주, 전남 화순·담양)

무등산이라는 이름은 불교 용어에서 유래했다. '비할 데 없이 높고 큰 산 또는 등급조차 매길 수 없는 평등한 산'이라는 의미를 담고 있다. 다만 본래는 광주의 옛 지명인 '무들 또는 무돌'을 한자로 옮기면서 뜻을 더 좋게 하려 불교 용어를 차용했을 가능성이 크다.

백제시대에는 무진악, 고려시대에는 서석산이라 불렸으며, 산 서쪽이 영산강 유역과 연결되어 나주와 광주의 경계가 된다.

📍 지질의 예술, 주상절리

무등산 정상 일대의 주상절리대는 국내 최대 규모로, 서석대와 입석대, 규봉 등에서 기둥처럼 솟은 현무암 절리를 볼 수 있다. 오각과 육각 형태의 돌기둥이 병풍처럼 늘어서 장관을 이루며, 국가지질공원과 유네스코 세계지질공원으로 지정되었다.

📍 억새의 능선, 호남의 진산

가을이면 장불재부터 백마능선까지 억새꽃이 흐드러지게 피어난다. 햇빛 방향에 따라 억새는 짙은 갈색 또는 은빛으로 빛나며, 무등산 특유의 너른 품과 어우러져 호남의 진산다운 장엄함을 드러낸다.

나의 등산 일지

무등산

	년	월	일		번째	
거리	소요 시간		날씨	난이도		평점
km	시간	분		☆☆☆☆☆		☆☆☆☆☆
코스						

산행 후기

동행자	비용	도전 한마디

민주지산 037
岷周之山

높이: 1,241m | 위치: 충북 영동, 전북 무주, 경북 김천

민주지산이라는 이름은 일제강점기에 공식화되었으나 원래는 지역 주민들이 민두름산이라 불렀다. 민두름은 '밋밋한 산'을 뜻하는 순우리말로, 이를 한자로 음차하여 '민주지(民周地)'가 되었다.

과거 문헌에는 백운산으로 기록되었으나 현재는 민주지산이라는 이름이 정착되었으며, 삼국시대에 백제와 신라가 서로 차지하려고 싸웠던 곳으로도 유명하다.

📍 삼도봉, 세 도의 경계점

삼도봉은 충북, 전북, 경북 세 도가 만나는 봉우리로, 조선 태종 때 행정구역 개편의 기준점이었다. 매년 10월 10일에는 세 지역이 함께 모여서 산신제와 풍물놀이가 어우러진 삼도봉 행사를 연다.

📍 물한계곡, 원시의 품

물한계곡은 울창한 원시림과 맑은 계곡물이 조화로운 비경이다. 옥소, 용소, 음주골 등 다양한 계곡과 폭포가 분포해 있으며, 석기봉과 각호산으로 이어지는 산세는 장쾌하고 웅장하다.

나의 등산 일지

민주지산

년 월 일	번째

거리	소요 시간	날씨	난이도	평점
km	시간 분		☆☆☆☆☆	☆☆☆☆☆

코스

산행 후기

동행자	비용	도전 한마디

방장산 038
方丈山

높이: 743m | 위치: 전북 고창·정읍, 전남 장성

방장산이라는 이름은 중국 삼신산 중 하나에서 유래한 것으로, '넓고 커서 백성을 감싸주는 산'이라는 뜻을 지닌다. 원래는 반등산이라 불렸는데, 산세가 높고 험해 절반밖에 오르지 못한다는 의미였다.

조선 인조 때 명나라를 숭상하던 사대부들이 이 산이 중국의 방장산과 닮았다 하여 이름을 고쳤다는 설이 있다. 전남과 전북을 가르는 산으로 4개의 봉우리로 이루어졌다.

📍 호남의 삼신산, 기세의 위용

방장산은 지리산, 무등산과 함께 호남의 삼신산으로 불린다. 고창에서 가장 높은 산으로, 내장산 줄기에서 가장 높게 솟아 있으며 주변 명산들과 어깨를 나란히 하며 당당한 위용을 자랑한다.

📍 용추계곡과 조망 명소

용추계곡에는 용소와 용추폭포가 있어 전설과 절경이 함께한다. 정상에서는 정읍과 고창 그리고 장성은 물론 변산까지 조망되며, 호남정맥의 흐름이 한눈에 펼쳐진다.

 **나의 등산 일지**

방장산

	년	월	일		번째	
거리	소요 시간		날씨	난이도	평점	
km	시간	분		☆☆☆☆☆	☆☆☆☆☆	

코스

산행 후기

동행자	비용	도전 한마디

방태산 039
芳台山 주억봉

높이: 1,444m 위치: 강원 인제

방태산이라는 이름은 산 정상이 네모 반듯한 '방(方)' 자 형태에 평평한 대지 '태(台)'처럼 생겼다고 해서 붙여졌다.

멀리서 보면 정상부가 제단처럼 넓고 평탄해 보이며, 실제로 정상 일대는 드넓은 평원을 이루고 있어 '네모난 평평한 산'이라는 이름이 잘 어울린다. 이런 지형은 태백산맥 중에서 보기 드문 형세로, 방태산만의 독특한 매력을 보여준다.

📍 억새평원의 장관

정상 일대에 펼쳐진 억새평원은 방태산의 백미다. 가을이면 은빛 억새가 산들바람에 일렁이며 드넓은 평원을 수놓는다. 봄에는 철쭉과 진달래 군락이 어우러져 화려한 풍경을 선사한다.

📍 용늪, 고산 습지의 보물

해발 1,280m에 있는 용늪은 국내 대표적인 고층습원이다. 희귀 습지식물과 빙하기 생태계의 흔적을 간직해 생태적 가치가 높아 대한민국 최초 람사르협약 습지로 등록되었다.

 **나의 등산 일지**

			번째	**방태산**
년	월	일		

거리	소요 시간	날씨	난이도	평점
km	시간 분		☆☆☆☆☆	☆☆☆☆☆

코스	

산행 후기

동행자	비용	도전 한마디

백덕산 040
白德山

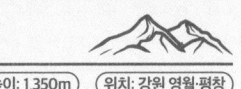
높이: 1,350m | 위치: 강원 영월·평창

백덕산이라는 이름은 산 전체가 밝고 흰 암석으로 이루어져 있어 흰 산을 뜻하는 '백(白)' 자와 온화하고 넉넉한 산세를 덕망 높은 사람에 비유해 '덕(德)' 자를 붙인 데서 유래했다.

또 다른 설로 정상 부근의 바위들이 멀리서 보면 눈처럼 보여 백덕산이라 불렀다는 이야기도 있다. 산세가 유순하고 숲이 깊어 고요한 기운을 간직한 산으로 예로부터 사랑받아 왔다.

📍 억새와 철쭉의 명산

정상 능선을 따라 억새밭이 펼쳐지며, 가을이면 은빛 물결이 넘실댄다. 봄철엔 분홍빛 철쭉이 산 전체를 덮어 장관을 이루며, 사계절 색다른 풍경을 선사해 등산객의 눈길을 이끈다.

📍 한계령 코스의 백미

한계령에서 시작하는 산행길은 비교적 완만하고 조망이 뛰어나다. 겨울에는 설화가 피어 눈꽃 산행지로 각광받고 있다. 능선 위에서 바라보면 설악산과 오대산이 시원하게 펼쳐진다.

나의 등산 일지

| 년 | 월 | 일 | | 번째 | 백덕산 |

거리	소요 시간	날씨	난이도	평점
km	시간 분		☆☆☆☆☆	☆☆☆☆☆

| 코스 | |

산행 후기

| 동행자 | 비용 | 도전 한마디 |

백암산 041
白巖山 상왕봉
(높이: 741m) (위치: 전남 장성, 전북 정읍·순창)

백암산이라는 이름은 산 전체가 흰 석회암과 화강암으로 이루어져 멀리서 보면 하얀 바위산처럼 보이기 때문에 붙여졌다. 산 북쪽의 백학봉 아래에는 학처럼 생긴 바위가 있어 '학바위 또는 백학암'이라 불리며, 이 바위에서 산 이름이 유래했다는 설도 있다.

인근에 백양사가 위치해 백양산으로 혼동되기도 하지만 공식 명칭은 백암산이다. 내장산국립공원에 속해 있으며, 한국 8경 중의 하나로 선정된 명승지다.

📍 백학봉과 학바위 전설
백암산의 주봉인 백학봉은 날개 펼친 흰 학처럼 생겨 이름이 붙여졌다. 조선 중종 때까지 천제를 올린 성소였으며, 이곳에서 내려다보는 백양사는 마치 구름 위의 선경 같다.

📍 백양사와 흰 양의 깨달음
백양사라는 이름은 흰 양이 경문을 듣고 깨달음을 얻었다는 전설에서 유래했다. 특히 봄철이면 백양사의 풍경은 절경을 이루며, '봄의 백양'이라 불릴 만큼 아름다움이 돋보인다.

 나의 등산 일지

	년	월	일		번째	**백암산**
거리		**소요 시간**		**날씨**	**난이도**	**평점**
km		시간 분			☆☆☆☆☆	☆☆☆☆☆

코스

산행 후기

동행자	**비용**	**도전 한마디**

백운산 042
白雲山 상봉

높이: 1,222m   위치: 전남 광양

백운산이라는 이름은 정상 부근에 늘 흰 구름이 감도는 모습에서 유래하였다. '흰 구름 백(白), 구름 운(雲)' 자를 써서 백운산이라 불렸으며, 섬진강을 사이에 두고 지리산과 마주하는 광양의 명산이다.

예로부터 봉황, 돼지, 여우의 신령한 기운이 서린 산이라 전해진다. 전국에 백운산이란 이름을 가진 산이 50여 곳이나 될 만큼 흰 구름과 신령한 기운은 우리 민족 산 이름에 깊은 영향을 끼쳤다.

📍 호남정맥의 제일봉

광양 백운산은 백두대간에서 갈라진 호남정맥의 끝자락이자 최고봉이다. 정상에서는 지리산의 웅장한 능선과 한려수도의 다도해 풍경을 동시에 조망할 수 있어 많은 등산객의 발길을 이끈다.

📍 식물 생태자원의 보고

백운산에는 한라산 다음으로 많은 1,080여 종의 식물이 분포한다. 희귀한 식물군이 다양하게 서식하고 있어 식물 분류학적 가치가 매우 높으며, 자연 생태 교육장으로도 주목받는다. 산림청 지정 '산림유전자원보호림'으로 보호되고 있다.

나의 등산 일지

	년	월	일		번째	**백운산**
거리	소요 시간		날씨	난이도	평점
km	시간 분			☆☆☆☆☆	☆☆☆☆☆

코스

산행 후기

동행자	비용	도전 한마디

백운산 043
白雲山

높이: 882m   위치: 강원 정선·평창

백운산이라는 이름은 '흰 구름이 머무는 산'이라는 뜻에서 유래했다. 산세가 부드럽고 봉우리들이 너르게 펼쳐져 있어 계절과 날씨에 따라 산허리를 감싸는 운해가 자주 발생하며, 산 위에 흰 구름이 앉아 있는 듯한 모습을 연출한다.

특히 아침 안개가 자욱한 날이면 하늘과 산, 구름이 어우러져 신선이 머물렀을 법한 풍경을 자아낸다. 크고 작은 5개의 봉우리로 이어진 능선을 따라 오르내리다 보면 다양한 풍경을 감상할 수 있다.

♥ 동강의 절경

백운산은 정선에서 흘러나온 조양강과 동남천이 합쳐져 이루어진 동강의 가운데 자리 잡고 있다. 동강 쪽으로는 칼로 자른 듯한 급경사의 절벽으로 이루어져 있어 정상에서 바라보는 동강의 사행천 풍경이 장관을 이룬다.

♥ 칠족령의 전설

백운산 칠족령에는 흥미로운 전설이 전해진다. 옛날 '문희'라는 개가 옻나무 진이 담긴 통을 엎고 사라졌는데, 옻나무 진이 묻은 개 발자국을 따라 쫓아 올라가니 금강산에 버금가는 황홀경이 나타났다는 이야기다. 이 때문에 '옻 칠(漆)과 발족(足)' 자를 써서 칠족령이라는 이름이 생겨났다.

 나의 등산 일지

백운산

년	월	일	번째

거리	소요 시간	날씨	난이도	평점
km	시간 분		☆☆☆☆☆	☆☆☆☆☆

코스

산행 후기

동행자	비용	도전 한마디

북한산

044
北漢山 백운대

(높이: 836m) (위치: 서울, 경기 고양·양주·의정부)

북한산이라는 이름은 한강 북쪽에 있는 산이라는 뜻에서 유래했다. 조선시대에는 삼각산이라 불렸는데, 이는 백운대, 인수봉, 만경대 세 봉우리가 삼각형을 이루듯 솟아 있어 붙여진 이름이다.

삼각산은 조선 왕조의 수도 한양을 감싸는 진산으로 숭배되었고, 국가의 안녕과 백성의 평안을 기원하는 제사의 대상이 되기도 했다. 근대 이후 북한산이라는 명칭이 일반화되어 오늘에 이르고 있다.

📍 백운대와 인수봉의 전설

백운대는 항상 흰 구름이 감도는 모습에서 '흰 구름이 머무는 곳'이라는 뜻을 지닌다. 인수봉은 사람 손가락처럼 뾰족하게 솟아 있어 '사람 인(人)과 손 수(手)' 자를 따와 이름 붙였다는 설이 있다.

📍 만경대의 천하 조망

북한산 삼대 봉우리 중 하나인 만경대는 이름 그대로 '만 가지 경치를 보는 곳'이라는 뜻을 담고 있다. 만경대 정상에 서면 서울 도심은 물론 멀리 인왕산, 관악산까지 시야에 들어와 조망이 탁월하다. 날씨가 맑은 날이면 북쪽으로 개성까지 보인다고도 하며, 일출과 일몰 명소로도 유명하다.

나의 등산 일지

북한산

년	월	일		번째	
거리	소요 시간	날씨	난이도	평점	
km	시간 분		☆☆☆☆☆	☆☆☆☆☆	

코스

산행 후기

동행자	비용	도전 한마디

불갑산

045

佛甲山 연실봉

높이: 516m · 위치: 전남 영광·함평

불갑산이라는 이름은 백제에 불교가 최초로 전해진 역사적 배경에서 유래했다. 384년 백제 침류왕 원년에 인도 승려 마라난타가 법성포를 통해 백제에 들어와 지금의 불갑산 아래에 사찰을 창건했다.

당시 이곳은 원래 '어머니 산'이라는 뜻의 모악산으로 불렸지만, 불교의 '불(佛)' 자와 육십갑자의 시작을 의미하는 '갑(甲)' 자를 합쳐 불갑사라 이름 붙이면서 산 이름도 자연스럽게 불갑산으로 바뀌었다.

📍 백제 불교의 시원지, 불갑사

불갑사는 백제 불교가 처음 뿌리내린 장소로, 마라난타가 머물며 불법을 전파한 성지이다. 법성포에 상륙한 그는 이곳에서 최초로 불법도량을 세웠고, 그 의미는 지금도 '성인이 오신 포구'라는 이름에 남아 있다. 불갑사는 이처럼 우리나라 불교사에서 중요한 상징성을 지닌다.

📍 상사화가 물드는 가을 산사

불갑산은 상사화 명소로도 유명하다. 9월이면 수백만 송이의 자주색 상사화가 불갑사 일대를 수놓아 장관을 이룬다. 잎과 꽃이 서로 마주하지 않는 상사화의 특성은 애틋한 그리움을 상징하며, 이를 기리는 상사화 축제가 매년 열린다.

나의 등산 일지

	년	월	일		번째	불갑산

거리	소요 시간	날씨	난이도	평점
km	시간 분		☆☆☆☆☆	☆☆☆☆☆

코스

산행 후기

동행자	비용	도전 한마디

비슬산 046
琵瑟山 천왕봉

높이: 1,084m | 위치: 대구 달성, 경북 청도, 경남 창녕

비슬산이라는 이름에는 여러 설이 전해진다. 가장 널리 알려진 설은 산 정상 바위 모양이 비파와 거문고를 타는 신선의 모습과 닮았다 하여 '비파 비(琵)와 거문고 슬(瑟)' 자를 따서 비슬산이라 불렸다는 것이다.

또 다른 설로 신라시대 인도의 승려가 이 산의 형세가 비파를 닮았다 하여 범어 발음을 한자로 음차해 붙였다는 이야기가 있다. 이처럼 비슬산은 이름부터 전설을 품은 신령한 산으로 여겨져 왔다.

📍 중국 황제가 본 절, 대견사

비슬산 정상 인근의 대견사에는 흥미로운 전설이 전해진다. 당나라 황제가 대야 속 물에 비친 절을 보고 찾게 해 세운 것이 바로 대견사라는 것이다. 실제로 신라 헌덕왕 때 창건되어 '대국에서 본 절'이라는 뜻에서 대견사라 불리게 되었으며, 지금도 그 흔적이 삼층석탑에 남아 있다.

📍 참꽃 군락과 암괴류의 신비

매년 4월 비슬산은 진분홍빛 진달래로 물든다. 대견봉 일대에 펼쳐진 참꽃 군락은 전국적으로 유명하며 비슬산 참꽃문화제도 열린다. 또 하나의 명물은 비슬산 암괴류로, 거대한 화강암 덩어리들이 2km 넘게 이어진 모습이 장관이다.

나의 등산 일지

| | | | 번째 | **비슬산** |

년	월	일

거리	소요 시간	날씨	난이도	평점
km	시간 분		☆☆☆☆☆	☆☆☆☆☆

코스

산행 후기

동행자	비용	도전 한마디

삼악산

047

三嶽山 용화봉

높이: 654m   위치: 강원 춘천

삼악산이라는 이름은 세 개의 봉우리가 하늘을 찌를 듯 솟아 있는 모습에서 비롯되었다. '삼(三)'은 숫자 셋, '악(嶽)'은 험하고 높은 봉우리를 뜻하는 한자로, 말 그대로 '세 개의 높은 봉우리가 있는 산'이라는 의미다. 실제로 삼악산은 주봉인 용화봉을 비롯하여 등선봉, 청운봉의 세 봉우리가 뚜렷하게 솟아 있어 이름에 걸맞은 산세를 자랑한다.

📍 의암호를 내려다보는 전망대

삼악산 정상에 서면 의암호가 한눈에 내려다보인다. 북한강 상류를 막아 조성된 이 호수는 푸른 물결이 잔잔히 흐르며 춘천의 산과 어우러져 절경을 이룬다. 일출과 일몰 무렵이면 물빛이 금빛과 붉은빛으로 물들어 수묵화처럼 아름다운 풍경을 선사한다.

📍 천년 고찰 상원사와 마애불

삼악산 중턱에는 의상대사가 창건한 상원사가 있다. 이곳 뒤편 절벽에는 고려 초기에 조성된 마애불이 새겨져 있으며, 높이 3m의 불상은 온화한 미소로 오가는 이들을 맞이한다. 오랜 세월 풍화에도 불구하고 또렷한 얼굴을 간직해 깊은 감동을 준다.

나의 등산 일지

거리	소요 시간	날씨	번째 삼악산 난이도	평점
km	시간 분		☆☆☆☆☆	☆☆☆☆☆

| 코스 | |

산행 후기

| 동행자 | 비용 | 도전 한마디 |

선운산 048
禪雲山 수리봉

높이: 336m | 위치: 전북 고창

선운산이라는 이름은 '신선이 구름 속에서 참선한다'라는 뜻에서 유래했다. 본래 도솔산이라 불렸으며, 이는 미륵불이 머문다는 도솔천에서 비롯된 불교적 명칭이다.

백제 위덕왕 때 창건된 선운사가 이 산에 자리하면서 점차 선운산이라는 이름이 널리 쓰이게 되었다. 조선 성종 때에는 만마(수레를 끄는 말)가 달리고 임금과 신하가 잔치하는 형국이라 하여 그 기세를 높이 평가받았다.

📍 동백나무 숲의 붉은 물결

선운산에서 가장 유명한 곳은 선운사 뒤편의 동백나무 숲이다. 3,000여 그루가 빽빽하게 자라며 4월에 붉은 동백꽃이 한꺼번에 피어난다. 천연기념물 제184호로 지정되어 보호받고 있으며, 초봄에는 꽃무릇까지 어우러져 사계절 내내 꽃의 명산으로 알려져 있다.

📍 도솔암과 마애불

선운산의 대표 암자인 도솔암은 기암절벽에 기대어 자리하고 있는데, 이 절벽에는 고려시대에 조성된 마애불이 새겨져 있다. 신비로운 미소를 띤 마애불은 조용한 산사의 분위기와 어우러져 선운산 불교 문화의 정수를 보여준다.

 **나의 등산 일지**

선운산

년 월 일			번째	
거리	소요 시간	날씨	난이도	평점
km	시간 분		☆☆☆☆☆	☆☆☆☆☆

코스

산행 후기

동행자	비용	도전 한마디

설악산 049
雪嶽山 대청봉

높이: 1,708m 위치: 강원 속초·인제·양양·고성

설악이라는 이름은 주봉인 대청봉이 해마다 긴 기간 동안 눈으로 덮여 있어 붙여졌다. 〈동국여지승람〉에는 중추절 무렵부터 내린 눈이 하지까지 녹지 않는다 하여 설악이라 했고, 〈증보문헌비고〉에는 산마루에 눈이 오래 머물고 바위가 눈처럼 희기 때문에 설악이라 명명되었다고 기록되어 있다. 주봉인 대청봉을 비롯하여 소청봉, 중청봉 등 30여 개의 산봉우리가 웅장하게 펼쳐져 있다.

📍 외설악의 명소, 천불동계곡

설악산 동쪽의 외설악에는 천불동계곡이 있다. 이름 그대로 수많은 불상이 줄지어 선 듯한 기암괴석이 이어지며, 맑은 계류와 숲이 어우러진 풍경이 절경을 이룬다. 가을 단풍철이면 울산바위와 함께 많은 탐방객이 찾는 코스 중 하나다.

📍 내설악의 비경, 백담계곡

내설악의 백담계곡은 은둔과 수행의 상징적 장소로, 백담사와 수렴동계곡을 따라 이어지는 길이 특히 아름답다. 맑은 물과 울창한 숲, 고즈넉한 산사의 풍경이 조화를 이루면서 사계절 내내 수려한 경치를 자랑한다.

📜 나의 등산 일지

	년	월	일		번째	설악산
거리		소요 시간		날씨	난이도	평점
km		시간 분			☆☆☆☆☆	☆☆☆☆☆

코스

산행 후기

동행자	비용	도전 한마디

소백산

050
小白山 비로봉

높이: 1,439m | 위치: 충북 단양, 경북 영주·봉화

소백산이라는 이름은 본래 '희다'라는 뜻에서 유래된 백산(白山) 중 하나로, 태백산보다 작다는 의미에서 '소(小)' 자를 붙여 '작은 백산', 즉 소백산이라 불리게 되었다. 또 다른 설로 눈 덮인 산봉우리가 사철 희게 보여 붙여졌다고도 전해진다.

죽령과 연화봉 산기슭에는 우리나라 최초로 현대식 망원경을 설치한 국립천문대가 자리 잡고 있다.

📍 십승지지와 활인산의 위엄

소백산은 재난이 덜하고 사람이 살기에 좋다고 여겨진 십승지지 중 하나로, 〈정감록〉에는 지리산보다 우선된 명산으로 기록되어 있다. 풍수지리적으로 병란과 기근을 피할 수 있는 명당이며, 격암 남사고는 소백산을 활인산, 즉 '사람을 살리는 산'이라 예찬했다.

📍 철쭉으로 붉게 물드는 연화봉

연화봉은 소백산의 주요 봉우리 중 하나로, 불교의 연화세계에서 이름을 따왔다. 매년 5월 중순경 연화봉과 비로봉 일대에는 철쭉이 만개해 산 전체가 붉게 물들며 장관을 이룬다. 이 시기에 열리는 소백산 철쭉제는 전국에서 많은 등산객이 찾는 대표 봄꽃 축제다.

나의 등산 일지

| | 년 | 월 | 일 | | 번째 | 소백산 |

거리	소요 시간	날씨	난이도	평점
km	시간 분		☆☆☆☆☆	☆☆☆☆☆

| 코스 | |

산행 후기

동행자	비용	도전 한마디

소요산 051
逍遙山 의상대

(높이: 587m) (위치: 경기 동두천·포천)

소요산이라는 이름은 '한가로이 거닐다, 자유롭게 유람하다'라는 뜻의 '소요'에서 유래하였다. 전설에 의하면 조선시대 학자들이 이곳에서 유유자적하며 소요했다고 하나, 실제로는 이름 자체가 산의 아늑하고 평화로운 분위기를 반영한 것으로 보인다.

산 이름만으로도 자연과의 여유로운 교감을 기대하게 되는 단풍으로 유명한 산이며, 1981년에 국민관광지로 지정되었다.

♀ 경기의 소금강, 기암의 향연

소요산은 웅장한 산세보다는 기암괴석의 조화가 빼어나다. 석영반암이 병풍처럼 능선을 따라 늘어서 있어 마치 천연 성벽을 보는 듯하다. 봄철에는 진달래, 가을에는 붉게 물든 단풍이 계곡을 수놓아 '경기의 소금강'이라 불릴 만큼 사계절 경관이 뛰어나다.

♀ 원효대사의 전설, 자재암

소요산 자락에는 원효대사가 창건한 자재암이 자리 잡고 있는데, 원효대사와 요석공주의 전설이 깃든 곳으로 유명하다. 자재암 위쪽에는 원효대굴이 남아 있으며, 공주봉과 나한대 등 여섯 개의 봉우리를 따라 걷다 보면 자연과 불교 문화가 어우러진 깊은 여운을 느낄 수 있다.

 **나의 등산 일지**

소요산

년	월	일		번째		
거리	소요 시간		날씨	난이도	평점	
km	시간 분			☆☆☆☆☆	☆☆☆☆☆	

코스

산행 후기

동행자	비용	도전 한마디

속리산 052
俗離山 천왕봉

높이: 1,058m　위치: 충북 보은·괴산, 경북 상주·문경

속리산이라는 이름은 '속세를 떠난 산'이라는 뜻에서 유래했다. 신라 진표율사가 이 산에 이르렀을 때 밭을 갈던 소들이 무릎을 꿇고 경배하였다는 전설이 전해지며, 이 광경에 감동한 이들이 머리를 깎고 수도에 들어가면서 '속세를 떠났다'라는 의미로 이름이 붙게 되었다.

이처럼 속리산은 예로부터 구도자들의 수행처이자 영적인 산으로 인식되어 왔다. 주변의 산들이 아름답기 때문에 정상과 문장대에서의 조망도 뛰어나다.

📍 속리산 최고의 조망지, 문장대

문장대는 속리산에서 가장 유명한 봉우리로, 예전에는 구름에 가려진다는 뜻의 '운장대'로 불렸다. 조선 세조가 꿈속 계시에 따라 이곳에 올라 글을 읽었다는 전설이 전해지면서 문장대라는 이름이 붙여졌다. 정상에 오르면 속리산의 수려한 산세가 한눈에 펼쳐진다.

📍 천년고찰, 법주사

속리산 중턱에는 신라 진흥왕 때 창건된 법주사가 자리하고 있다. 절 이름은 '부처님의 가르침을 지키는 곳'이라는 뜻을 지닌다. 불교와 깊은 인연을 간직한 이곳은 속리산의 역사와 신앙의 중심지로 꼽힌다.

나의 등산 일지

속리산

			번째	
년	월	일		

거리	소요 시간	날씨	난이도	평점
km	시간 분		☆☆☆☆☆	☆☆☆☆☆

코스

산행 후기

동행자	비용	도전 한마디

수락산 053
水落山 주봉

(높이: 637m) (위치: 서울, 경기 의정부·남양주)

수락산이라는 이름은 '물이 떨어지는 산'이라는 뜻에서 유래했다. 내원암 일대의 계곡에는 거대한 화강암 절벽을 타고 맑은 물이 폭포처럼 흘러내리는데, 이 모습이 아름다워 수락이라는 이름이 붙여졌다고 전해진다.

금류, 은류, 옥류 등 물줄기의 빛깔과 흐름이 각기 다르며, 산 전체에 맑은 물과 기암괴석이 어우러진 풍경이 펼쳐진다.

📍 화강암 기암괴석의 산

수락산은 중생대 쥐라기 시대에 형성된 화강암 지형으로, 기차바위와 철모바위 등 독특한 바위들이 산 곳곳에 자리하고 있다. 험하지 않으면서도 조망이 탁월하여 수도권 시민들이 사계절 내내 찾는 명산으로, 산행 중 서울과 의정부 시내가 시원하게 내려다보인다.

📍 김시습의 숨은 자취, 내원암

계유정난 이후 김시습이 은둔했던 곳으로 전해지는 내원암은 수락산의 동쪽에 자리 잡고 있다. 암자 뒤편에는 고려시대 이전 것으로 추정되는 석조미륵입상이 세워져 있어 유서 깊은 문화유산의 숨결을 느낄 수 있다. 산책하듯 걷기 좋은 수락골 산길은 '김시습 산길'로 불린다.

 **나의 등산 일지**

수락산

년	월	일		번째	
거리	소요 시간		날씨	난이도	평점
km	시간	분		☆☆☆☆☆	☆☆☆☆☆

코스

산행 후기

동행자	비용	도전 한마디

신불산 054
神佛山

높이: 1,159m | 위치:울산 울주, 경남 양산

신불산이라는 이름은 '신(神)과 불(佛)'이 합쳐진 말로, 신령과 부처가 함께 머무는 신성한 산이라는 의미를 지닌다. 산 정상 부근의 바위들이 불상이나 신령의 형상을 닮았다고 하여 붙여졌다는 설이 있으며, 예로부터 기도를 올리면 영험이 있다는 믿음이 전해진다.

억새가 장관을 이루는 이 산을 신선이 노니는 곳이라 하여 신불산이라 불렀다는 이야기도 함께 전해지고 있다.

📍 영남알프스의 억새평원

신불산은 영남알프스 중심에 있는 대표 명산으로, 특히 가을이면 정상 부근에 펼쳐진 국내 최대 규모의 억새평원이 장관을 이룬다. 바람에 일렁이는 은빛 억새 물결은 신선이 노니는 풍경처럼 신비롭다.

📍 파래소 폭포의 시원한 물줄기

신불산 자락에는 깊고 푸른 소를 간직한 파래소 폭포가 있다. 폭포는 높이 15m에 달하며, 한여름에도 시원한 물줄기와 청량한 공기로 등산객들의 쉼터가 된다. 주변의 계곡 길은 숲과 물이 어우러진 힐링 코스로 인기다.

나의 등산 일지

신불산

	년	월	일		번째	
거리		소요 시간		날씨	난이도	평점
km		시간 분			☆☆☆☆☆	☆☆☆☆☆

코스

산행 후기

동행자	비용	도전 한마디

연인산 055
戀人山

높이: 1,068m | 위치: 경기 가평

연인산이라는 이름은 1999년 가평군이 지역 산림을 관광자원으로 개발하기 위해 공모를 통해 붙인 이름이다. 그전까지는 우목봉이라 불리던 무명산이었으나, '사랑하는 연인들이 함께 걷기 좋은 산'이라는 뜻에서 연인산이라는 이름이 채택되었다.
이름 변경 이후 봉우리와 능선에도 사랑과 관련된 이름들이 붙여지면서 가평의 대표 산으로 자리매김하게 되었다.

📍 철쭉 군락의 봄 정원
연인산은 수도권 최고의 철쭉 명산으로, 매년 5월이면 연인산 들꽃축제가 열린다. 장수봉과 매봉 일대에는 자생 철쭉이 붉게 물들어 철쭉 터널이 장관을 이룬다. 정상에 서면 가평과 북한강이 어우러진 풍경이 한눈에 펼쳐진다.

📍 시원한 계곡길, 용추계곡
연인산 자락의 용추계곡은 여름철 피서지로 인기가 높다. 깨끗한 물과 울창한 숲이 조화를 이루어 청정 자연을 만끽할 수 있으며, 완만한 계곡길은 가족 단위 탐방객에게 안성맞춤이다. 다양한 야생화가 자생하는 생태 공간으로도 가치가 높다.

나의 등산 일지

연인산

	년	월	일		번째	
거리	소요 시간		날씨	난이도	평점	
km	시간	분		☆☆☆☆☆	☆☆☆☆☆	

코스

산행 후기

동행자	비용	도전 한마디

오대산

056
五臺山 노인봉

높이: 1,338m 위치: 강원 강릉·평창

노인봉은 오대산 주봉에서 동쪽으로 갈라진 봉우리로, 정상에 솟은 화강암 암봉의 모습이 마치 백발노인의 형상을 닮아 붙여진 이름이다.

특히 겨울철 눈이 쌓이면 더욱 하얗게 빛나며, 멀리서 바라볼 때 흰 수염을 기른 노인이 산을 내려다보는 듯한 형상을 띠어 노인봉이라 불리게 되었다. 조선 왕실의 문서를 보관하던 '사고(史庫)' 중 오대산 사고가 바로 여기에 있다.

♥ 소금강 계곡의 절경

노인봉 동쪽으로 펼쳐진 소금강 계곡은 금강산을 닮았다고 하여 이름이 붙여졌다. 낙영폭포, 구룡폭포, 만물상 등이 어우러진 경관은 명승 1호로 지정될 만큼 뛰어난 아름다움을 자랑한다.

♥ 진고개에서의 가벼운 산행

진고개 휴게소에서 출발하면 고도차가 크지 않아 누구나 쉽게 오를 수 있다. 정상에서 바라보면 동해와 백두대간의 능선들이 시원하게 펼쳐져 있고, 맑은 날에는 울릉도까지 보인다는 말이 전해질 정도로 조망이 뛰어나다.

나의 등산 일지

				번째	오대산 노인봉
년	월	일			
거리	소요 시간	날씨	난이도	평점	
km	시간 분		☆☆☆☆☆	☆☆☆☆☆	
코스					

산행 후기

동행자	비용	도전 한마디

오대산 057
五臺山 비로봉

높이: 1,563m　위치: 강원 평창·강릉

비로봉이라는 이름은 산스크리트어 '비로자나(毘盧遮那)'에서 유래했다. 이는 부처가 깨우친 가장 높은 진리, 즉 우주의 중심을 의미하며, 비로자나불은 진리의 본체를 상징한다.

불교 문화가 깊이 스며든 우리나라에서는 높은 산의 주봉에 비로봉이라는 이름을 자주 붙였다. 오대산 또한 문수신앙과 관련된 대표적 불교 성지로 비로봉이라는 이름이 붙은 것이다. 오대산의 다른 봉우리들과 함께 마치 연꽃의 중심처럼 솟아 있는 이 봉우리는 불교적 상징성과 지리적 중심성을 동시에 지니고 있다.

📍 문수보살의 성지, 적멸보궁

비로봉으로 오르는 길목에는 적멸보궁이 자리한다. 부처의 진신사리를 모신 성역으로, 상원사, 사자암과 함께 불교의 깊은 숨결이 깃든 명소다. 이곳은 문수보살이 머물렀다는 전설이 있어 신앙의 중심지로 여겨진다.

📍 정상에서 펼쳐지는 풍경

비로봉 정상은 널찍하고 평평해 조망이 뛰어나다. 상왕봉, 동대산, 두로봉 등 오대산 능선들이 겹겹이 펼쳐지고, 맑은 날에는 동해까지 한눈에 들어온다. 가벼운 등산 코스로 초보자도 오르기 좋다.

 **나의 등산 일지**

거리	소요 시간	날씨	번째	오대산 비로봉	
				난이도	평점
km	시간 분			☆☆☆☆☆	☆☆☆☆☆

년 월 일

코스

산행 후기

동행자	비용	도전 한마디

오봉산

058

五峰山 5봉

높이: 779m   위치: 강원 춘천·화천

오봉산이라는 이름은 비로봉, 보현봉, 문수봉, 관음봉, 나한봉의 다섯 봉우리에서 유래했다. 불교의 보살 이름을 딴 이 봉우리들은 산 아래 청평사와 관련이 깊으며, 다섯 봉우리가 연꽃잎처럼 펼쳐져 있어 예로부터 불교의 성지로 알려졌다.

춘천시와 화천시 경계에 있는 오봉산은 과거에는 경운산, 경수산, 청평산으로도 불렸으나 현재는 오봉산이 공식 명칭으로 자리 잡았다.

📍 소양호 조망과 철쭉 명소

정상에 오르면 소양호와 춘천 시내가 한눈에 내려다보인다. 특히 5월에는 철쭉이 만발해 산 전체가 분홍빛으로 물든다. 기암절벽과 노송, 호수가 어우러져 동양화 같은 풍경을 선사한다.

📍 청평사와 구송폭포

등산길 초입에 있는 청평사는 고려 광종 때 창건된 고찰로, 고려 문신 이자현과 원나라 공주의 설화가 전해진다. 산 입구의 구송폭포는 맑은 물줄기가 절벽을 타고 흘러내려 산행 전 힐링 포인트가 된다.

 **나의 등산 일지**

오봉산

년	월	일		번째	
거리	소요 시간		날씨	난이도	평점
km	시간 분			☆☆☆☆☆	☆☆☆☆☆

코스

산행 후기

동행자	비용	도전 한마디

오서산

059
烏棲山

높이: 791m　위치: 충남 보령·홍성·청양

오서산이라는 이름은 예로부터 산에 까마귀와 까치가 많이 살아 '오작지(까마귀와 까치의 보금자리)'라는 뜻에서 유래했다고 전해진다. 또 다른 설로 서해 외연도에서 바라보면 산이 검게 보이기 때문에 '검을 오(烏)'자를 써서 오서산이라 불리게 되었다는 이야기도 있다.

보령 주변에는 이 산 이름을 딴 지명이 많아 지역을 대표하는 상징적 산이다. 옛날 서해를 오가던 뱃사람들에게는 오서산이 방향을 잡는 기준이 되어 '서해의 등대산'이라는 별칭도 붙었다.

📍 서해안 최고봉의 조망

오서산은 금북정맥에 속한 산으로, 우리나라 서해안 산 중에서 가장 높으며, 보령과 청양, 홍성 세 지역의 경계를 이루고 있다. 정상에 서면 서해와 낙조, 보령평야, 칠갑산과 계룡산까지 시원하게 조망된다.

📍 억새군락과 황혼의 절경

가을이면 오서산 8부 능선부터 정상까지 광활한 억새밭이 펼쳐진다. 바람에 일렁이는 억새 물결은 장관을 이루며, 특히 해 질 무렵 노을과 맞물리면 은빛 억새가 황금빛으로 변해 환상적인 경관을 만들어 낸다.

 **나의 등산 일지**

	년	월	일		번째	**오서산**
거리		**소요 시간**		**날씨**	**난이도**	**평점**
km		시간 분			☆☆☆☆☆	☆☆☆☆☆

| **코스** | |

산행 후기

| **동행자** | **비용** | **도전 한마디** |

용문산 060
龍門山 가섭봉

높이: 1,157m 위치: 경기 양평

용문산이라는 이름은 조선 태조 이성계와 관련된 전설에서 유래했다. 본래 미지산이라 불렸는데, '미지'는 미리의 옛말로 용을 뜻하는 방언이었다. 이성계가 등극하며 산 이름을 용문산으로 고쳤다고 전해진다.

용문산은 용이 하늘로 오르는 문, 즉 용문의 기운을 담아 웅장하고 신령한 산세를 상징한다는 의미가 담겨 있다. 군사 시설물로 인해 정상 출입이 금지되었으나 2007년 11월 개방되어 지금은 등반이 가능하다.

📍 경기의 금강산

경기도에서 손꼽히는 고산이며, 산세가 험하고 당당해 '경기의 금강산'이라 불린다. 특히 기암절벽과 노송이 어우러진 동쪽 능선이 절경이다. 수도권에서는 보기 드문 고도와 풍경을 자랑하며, 사계절 내내 등산객의 발길이 끊이지 않는다.

📍 천년 은행나무와 용문사

용문산 자락의 용문사는 신라 신덕왕 때 창건되었으며, 경내에는 수령 1천 년이 넘는 천연기념물 제30호 은행나무가 서 있다. 가을이면 황금빛 풍경이 절정을 이룬다.

나의 등산 일지

용문산

	년	월	일		번째	
거리	소요 시간		날씨	난이도		평점
km	시간	분		☆☆☆☆☆		☆☆☆☆☆

코스

산행 후기

동행자	비용	도전 한마디

용봉산 061
龍鳳山

높이: 381m 위치: 충남 홍성·예산

용봉산이라는 이름은 산세가 구불구불해서 용이 승천하는 형상과 봉우리가 봉황이 머리를 치켜든 듯한 모습에서 유래했다. 조선시대에는 여덟 봉우리가 어우러졌다 하여 팔봉산으로도 불렸으며, 홍성 북쪽에 있어 북산이라 칭해지기도 했다.

예로부터 홍성 지역의 진산으로 불렸으며, 지형적 상징성과 함께 신령한 기운을 지닌 산으로 여겨졌다.

📍 기암괴석의 절경

해발은 낮지만 병풍바위, 사자바위, 장군바위 등 기묘한 암봉들이 즐비해 '충남의 금강산'이라 불린다. 암릉 위에서 바라보는 경관은 아찔하고도 아름답다. 짧은 산행 거리로도 다양한 지형과 풍경을 즐길 수 있어 사계절 내내 등산객의 발길이 이어진다.

📍 용봉사와 마애불

백제시대 창건된 용봉사에는 보물인 마애여래입상이 있다. 최영 장군의 활터 등 역사 흔적도 많아 문화유산과 자연미를 함께 체험할 수 있다. 사찰과 유적이 산행로와 가까워 걷는 내내 자연과 역사가 함께 호흡하는 듯한 감흥을 준다.

나의 등산 일지

	년 · 월 · 일		번째	용봉산	
거리	**소요 시간**	**날씨**	**난이도**	**평점**	
km	시간 분		☆☆☆☆☆	☆☆☆☆☆	

코스	

산행 후기

동행자	**비용**	**도전 한마디**

용화산

062
龍華山

(높이: 878m) (위치: 강원 춘천·화천)

용화산이라는 이름은 '용이 피운 꽃 또는 용처럼 솟아오른 꽃산'이라는 뜻을 담고 있다. 불교적으로는 미륵불이 설법하는 이상세계인 '용화세계'와 관련이 깊다.

산자락에 있는 용화사, 용흥사, 용암사 등 사찰 이름에도 '용'이 들어가 있어 영험한 산으로 여겨진다. 산의 형세가 마치 용이 승천하는 모습과 흡사하다 하여 이 이름이 붙여졌다는 설도 전해진다.

📍 호반의 조망 명산

춘천호, 의암호, 파로호 등 호수가 주변에 펼쳐져 있어 사계절 내내 물안개와 어우러진 풍경을 즐길 수 있다. 정상에서는 춘천 시내와 화천 읍내가 한눈에 보인다. 맑은 날에는 북한강 물줄기와 멀리 설악산 능선까지 조망돼 전망이 멋진 산행지로 인기가 높다.

📍 화강암 암릉의 절경

화강암으로 이루어진 암릉 구간이 인상적이다. 특히 큰고개 인근의 새남바위와 용마굴, 은선암 등이 장쾌한 경관을 자랑한다. 바위 사이 오솔길 산행도 인기다. 완만한 능선과 바위 구간이 조화를 이뤄 초보자부터 숙련자까지 두루 즐길 수 있는 코스로 평가된다.

나의 등산 일지

	년	월	일		번째	용화산
거리		소요 시간		날씨	난이도	평점
km		시간 분			☆☆☆☆☆	☆☆☆☆☆
코스						

산행 후기

동행자	비용	도전 한마디

운악산 063
雲岳山 동봉

높이: 937m　위치: 경기 가평·포천

운악산이라는 이름은 '구름을 뚫고 솟은 봉우리'라는 의미에서 유래하였다. 주봉인 망경대를 중심으로 뾰족하게 솟은 암봉들의 구름을 밀어올리듯 솟구친 모습이 인상적이다. 이 같은 산세의 특징을 담아 '운(雲)과 악(嶽)'이 결합한 이름이 붙여졌다.

산 중턱에는 천년 고찰 현등사가 있어 옛 문헌에는 현등산이라 불린 기록도 전해진다.

♥ 경기의 소금강

운악산은 경기 5악 중 하나로, 그중에서도 가장 수려한 산세를 자랑한다. 암봉과 기암괴석의 조화로운 절경은 '경기의 소금강'이라 불릴 정도로 아름다우며, 계곡과 숲길이 어우러져 사계절 산행지로 손꼽힌다.

♥ 현등사와 망경대 조망

현등사는 신라 진덕여왕 때 창건된 고찰로, 아늑하고 고요한 분위기를 자아낸다. 정상인 망경대에 오르면 화악산, 명지산은 물론 멀리 포천 시가지까지 한눈에 내려다보이는 탁월한 조망이 펼쳐진다.

나의 등산 일지

				번째	**운악산**
년	월	일			

거리	소요 시간	날씨	난이도	평점
km	시간 분		☆☆☆☆☆	☆☆☆☆☆

코스

산행 후기

동행자	비용	도전 한마디

운장산 064
雲長山 운장대

높이: 1,126m　위치: 전북 진안·완주

운장산이라는 이름은 조선시대 성리학자 송익필이 은거했던 오성대와 관련 있는데, 그의 자(字)인 '운장'을 따와 붙여진 것이다. 과거에는 주줄산 또는 구절산으로 불렸으나 일제강점기 때 한자 표기가 쉬운 운장산으로 바뀌어 정착되었다.
산세가 다소 험하고 오르막길과 내리막길 기복이 심해 초보자가 등반하기에는 다소 어려운 산이다.

📍 호남의 중심봉
운장산은 진안에서 가장 높은 산이자 노령산맥의 최고봉으로, 금강과 만경강의 분수령을 이룬다. 중봉, 동봉, 서봉의 3개 주봉이 솟아 있어 웅장한 산세를 자랑하며, 노령산맥과 금남정맥을 아우르는 대표 산으로 꼽힌다.

📍 칠성대와 오성대
서봉인 칠성대는 북두칠성 형상을 닮아 붙여진 이름으로, 신비로운 분위기를 자아낸다. 중봉인 운장대 인근의 오성대는 조선시대 유학자 송익필이 은거하며 공부하던 곳이다. 운장산 정상에 오르면 진안고원과 호남평야가 한눈에 펼쳐지는 탁월한 조망을 만날 수 있다.

나의 등산 일지

운장산

년	월	일	번째
거리	소요 시간	날씨	난이도	평점
km	시간 분		☆☆☆☆☆	☆☆☆☆☆

코스

산행 후기

동행자	비용	도전 한마디

월악산 065
月岳山 영봉

(높이: 1,097m) (위치: 충북 제천·충주·단양, 경북 문경)

월악산이라는 이름은 '달이 머무는 산'이라는 의미로, 주봉인 영봉 위에 달이 걸려 있는 듯한 모습에서 유래하였다. 신라시대에는 월형산이라 불렸고, 〈세종실록지리지〉에도 "명산은 월악이요, 신라에서는 월형산이라 하였다"라는 기록이 있다.

또 다른 설로 견훤이 궁궐을 지으려다 계획이 '와락' 무산되어 붙여졌다는 이야기가 있으며, 고려 태조 왕건의 수도 후보지 경쟁에서 낙선한 일화를 담은 전설도 전해진다.

📍 신령한 기운의 영봉

월악산은 백두대간 중심부에 위치하며, 한국 5대 악산 중 하나로 꼽힌다. 주봉인 영봉은 '신령한 봉우리'라는 뜻처럼 예로부터 신성시되었다. 날카롭게 솟은 영봉은 백두산과 함께 국내에서 유일하게 주봉에 '영' 자를 붙인 산으로, 웅장한 기세와 함께 영험한 기운이 깃든 곳이다.

📍 영봉의 비경과 제사 전통

절벽과 바위로 이루어진 영봉 정상은 오르기 쉽지 않지만, 사방이 확 트인 압도적인 조망을 선사한다. 신라시대부터 국태민안을 기원하는 제사가 올려졌던 신령한 제단으로, 지금도 등산객들에게 숭엄한 분위기를 느끼게 한다.

나의 등산 일지

월악산

	년	월	일		번째	
거리	소요 시간		날씨	난이도	평점	
km	시간 분			☆☆☆☆☆	☆☆☆☆☆	

코스	

산행 후기

동행자	비용	도전 한마디

월출산

066
月出山 천황봉

높이: 809m | 위치: 전남 영암·강진

월출산은 '달이 솟는 산'이라는 뜻에서 이름이 붙여졌다. 기암괴석 사이로 달이 떠오르는 모습이 인상적이라 예로부터 달의 산으로 불려왔으며, 유배지 강진에서 다산 정약용이 바라보며 시를 읊었을 정도로 산세가 아름답다.

산 전체가 하나의 거대한 바위처럼 이루어져 있어 '남도의 금강산'이라 불리며, 산행 내내 기암과 병풍바위가 이어진다.

📍 천황봉과 기암절벽

월출산 최고봉 천황봉은 수직에 가까운 암봉으로, 하늘을 찌를 듯 솟아 있다. 구름다리봉, 매봉, 사자봉 등 독특한 형상의 바위 봉우리들이 어우러져 장쾌한 풍경을 만든다.

📍 도갑사와 무위사

산 중턱의 도갑사는 신라 말 도선국사가 창건한 고찰로, 조선 전기에 지은 해탈문과 대웅전이 문화재로 지정되어 있다. 강진 쪽에는 보물급 목조건축이 남아 있는 무위사도 자리하고 있어 불교 문화 향기도 깊다.

나의 등산 일지

	년	월	일		번째	**월출산**
거리		**소요 시간**		**날씨**	**난이도**	**평점**
km		시간 분			☆☆☆☆☆	☆☆☆☆☆

코스

산행 후기

동행자	**비용**	**도전 한마디**

유명산
067 有明山

높이: 862m / 위치: 경기 가평·양평

유명산은 본래 '말이 놀던 산'이라는 뜻의 마유산으로 불렸다. 1973년 국토 자오선 종주 중 산 이름을 몰랐던 산악인들이 동행한 진유명 씨의 이름을 따 유명산이라 부른 것이 계기가 되었고, 이후 산악 잡지 등을 통해 널리 알려지면서 현재의 이름으로 자리 잡았다.

〈대동여지도〉에도 마유산으로 표기되어 있으며, 말이 하늘로 날아올랐다는 전설도 전해진다.

📍 자연휴양림과 계곡미

유명산에는 국내 최초로 조성된 자연휴양림이 있다. 박쥐소, 용소, 마당소 등 소가 연달아 있는 계곡은 물이 맑고 바위가 많아 여름 피서지로 인기가 있으며, 가평 8경 중 하나로 꼽힌다.

📍 용소 전설과 기암절벽

계곡 중간에 위치한 용소는 '용이 승천했다'라는 전설이 전해지는 깊고 맑은 소이다. 바위가 용의 형상을 닮았고, 소 위로 흐르는 물줄기는 용이 날아오르는 듯해 예로부터 신비로운 명소로 여겨졌다.

나의 등산 일지

	년 월 일		번째	유명산
거리	소요 시간	날씨	난이도	평점
km	시간 분		☆☆☆☆☆	☆☆☆☆☆
코스				

산행 후기

동행자	비용	도전 한마디

응봉산 068
應峯山

높이: 998m | 위치: 경북 울진, 강원 삼척

응봉산은 산의 모양이 하늘을 나는 매와 비슷하게 생겼다 하여 이름이 붙여졌다. 전설에 따르면 옛날 조씨 성을 가진 사냥꾼이 잃어버린 매를 이 산봉우리에서 다시 찾았다고 한다.

이후 이 산을 매봉 또는 응봉이라 불렀으며, 〈여지도서〉에는 가곡산이라 기록되어 있는 점으로 보아 옛 이름은 가곡산이었을 것으로 추정된다. 용소골, 문지골, 보리골, 온정골 등의 계곡과 여러 폭포들이 있으며, 비교적 자연이 잘 보존되어 있다.

📍 용소골의 비경

응봉산의 대표 명소는 용소골이다. 깊은 골짜기마다 폭포와 소가 이어져 '최후의 비경지대'로 불릴 만큼 원시 자연이 잘 보존되어 있다. 탐방객이 적어 조용한 산행이 가능하다.

📍 덕구온천과 완만한 등산로

동쪽 기슭 덕구온천에서 오르는 등산로는 능선을 따라 완만하게 이어진다. 국내 유일의 자연용출 노천온천인 덕구온천은 약알칼리수로, 피부질환과 신경통에 효과가 있는 것으로 알려져 있다.

나의 등산 일지

| | 년 | 월 | 일 | | 번째 | 응봉산 |

거리	소요 시간	날씨	난이도	평점
km	시간 분		☆☆☆☆☆	☆☆☆☆☆

코스

산행 후기

동행자	비용	도전 한마디

장안산 069
長安山

높이: 1,237m | 위치: 전북 장수

장안산은 옛날 이곳에 있던 장안사의 이름에서 유래했다. '장안'은 중국 고도의 이름에서 온 말로, 평안과 번영을 뜻한다. 불교적 색채가 짙은 이름으로, 영취산이라고도 불렸다. 이는 석가모니가 설법하던 인도에 있는 영취산에서 비롯된 명칭이다.

전북 장수군의 중심에 자리하며, 백두대간 줄기에서 뻗어 나와 광활한 산악지대를 이룬다.

📍 무룡궁과 천지수

장안산 서쪽에는 금강과 섬진강의 분수령인 무룡궁이 있다. 용이 춤추듯 오르는 지세라 하여 '무룡(舞龍)'이라 불린다. 산마루에는 천지수라 불리는 샘이 있으며, 양옆에는 옥지수라는 맑은 샘도 흐른다. 물줄기는 덕산계곡으로 이어지며 수려한 경관을 자랑한다.

📍 장안산군립공원의 사계

1986년 군립공원으로 지정된 장안산은 덕산계곡, 지지계곡, 방화동계곡 등 풍부한 수자원과 울창한 숲을 지닌 자연의 보고다. 가을이면 동쪽 능선 억새밭이 장관을 이루며, 봄에는 야생화, 여름에는 계곡미가 두드러진다. 등산로는 무룡고개, 괴목재, 지지마을, 덕산계곡 등 네 방향에서 이어진다.

 **나의 등산 일지**

장안산

	년	월	일		번째	
거리	소요 시간		날씨	난이도		평점
km	시간 분			☆☆☆☆☆		☆☆☆☆☆
코스						

산행 후기

동행자	비용	도전 한마디

재약산 070
載藥山 수미봉
높이: 1,119m | 위치: 경남 밀양, 울산 울주

재약산의 본래 이름은 재악산이었다. 전설에 따르면, 신라 흥덕왕의 셋째 아들이 병을 얻어 전국을 돌던 중, 이 산의 영정약수를 마시고 병이 나았다고 한다. 이에 왕이 절을 지어 영정사라 이름 짓고, 산 이름도 약을 실은 산이라는 뜻의 재약산으로 고쳤다고 전해진다.

'약이 담긴 산'이란 의미처럼 신령한 약수의 산으로 여겨진다. 산세가 부드러워 부담 없이 가볍게 산행할 수 있는 명산이다

📍 사자평 억새평원

재약산 동쪽 사면에는 사자평이라는 광활한 고원이 펼쳐진다. 억새로 유명한 이 평원은 가을이면 은빛 물결로 뒤덮여 장관을 이룬다. 산지 습지로도 중요하여 '재약산 산들늪'이라 부르며 보호하고 있다.

📍 표충사와 얼음골

서쪽 자락에는 신라 진덕여왕 때 창건된 표충사가 있는데, 서산대사가 의병을 일으킨 역사적 장소이기도 하다. 인근의 얼음골은 여름에도 얼음이 어는 신비한 계곡으로, 탐방객의 발길이 끊이지 않는다.

나의 등산 일지

재악산

	년	월	일		번째	
거리	소요 시간		날씨	난이도		평점
km	시간	분		☆☆☆☆☆		☆☆☆☆☆

코스	

산행 후기

동행자	비용	도전 한마디

조계산 071
曹溪山 장군봉

높이: 884m | 위치: 전남 순천

조계산은 원래 송광산이라 불렸으나 고려 희종 때 조계산으로 바뀌었다. 1204년 보조국사 지눌이 송광산에 정혜결사를 옮기고 수선사를 중창하자, 그의 도를 중히 여긴 희종이 '조계산 수선사'라는 편액을 하사했다.

조계는 중국 선종의 조계산에서 유래된 이름으로, 이때부터 송광산은 선의 상징인 조계산으로 불리게 되었다. 조계산 자체보다는 곳곳에 있는 사찰과 문화재가 더 유명한 산이다.

📍 송광사와 선암사, 쌍벽의 고찰

서쪽 송광사는 16국사를 배출한 승보사찰, 동쪽 선암사는 선종과 교종의 대표 사찰로, 두 절이 조계산을 사이에 두고 쌍벽을 이룬다. 유서 깊은 불교 문화를 품은 이들 사찰은 산의 정신적 중심지다.

📍 부드러운 산세와 도립공원의 품격

조계산은 험하지 않은 산세와 울창한 숲, 맑은 계곡이 조화를 이루는 산이다. 도립공원으로 지정되어 있으며, 천자암의 천연기념물 곱향나무와 깃대봉, 장군봉 등의 암봉이 산행의 매력을 더한다.

나의 등산 일지

조계산

년	월	일		번째		
거리	소요 시간		날씨		난이도	평점
km	시간	분			☆☆☆☆☆	☆☆☆☆☆

코스

산행 후기

동행자	비용	도전 한마디

조령산

072
鳥嶺山

높이: 1,017m | 위치: 충북 괴산, 경북 문경

조령산의 이름은 '새재'에서 비롯되었다. 새는 '나는 새조차 힘들게 넘는 고개'라는 뜻으로, 조령은 이를 한자로 옮긴 표현이다. 억새가 많아 새재라 불렸다는 이야기도 함께 전해지고 있다.

정상 북쪽으로는 신선봉과 치마바위봉을 비롯하여 다양한 암봉과 암벽지대가 분포하고 있으며, 관문 서편에는 조령산 자연휴양림이 조성되어 있다.

📍 문경새재 옛길

조령산 자락을 따라 이어진 문경새재는 서울과 영남을 잇는 옛 관문이다. 완만한 옛길과 수려한 계곡이 어우러져 역사와 자연을 함께 느낄 수 있는 대표적인 도보 탐방지다.

📍 조령 3관문과 산성

조령산 중턱에는 조선 숙종 시기에 축조된 조령산성이 자리하고 있으며, 제1·2·3관문은 원형에 가깝게 복원되었다. 이곳은 한양과 영남을 잇는 옛 영남대로의 핵심 경로로, 지금도 관문과 옛길이 고스란히 남아 있어 걸으면서 역사와 조우할 수 있는 유적 탐방지로 각광받고 있다.

나의 등산 일지

년	월	일		번째	**조령산**	
거리	소요 시간		날씨	난이도	평점	
km	시간	분		☆☆☆☆☆	☆☆☆☆☆	
코스						

산행 후기

동행자	비용	도전 한마디

주왕산

073
周王山 주봉

(높이: 721m) (위치: 경북 청송·영덕)

주왕산이라는 이름은 신라 김주원이 왕위 계승에서 밀려 이곳에 은거했다는 전설에서 유래한다. 그가 이 산속에서 지냈다고 하여 주왕의 산, 주왕산이라 불리게 되었다. 또 다른 설로 중국 당나라의 주도라는 인물이 반란에 실패한 후 이곳에 숨어들었다는 이야기가 있다.

과거에는 돌 병풍처럼 둘러싸인 산세에서 유래한 석병산, 깊고 험하여 피난처가 되던 대둔산 등의 이름으로도 불렸다.

♥ 절골계곡의 비경

절골계곡은 주왕산 속에 숨겨진 협곡의 미를 간직한 곳이다. 병풍처럼 솟은 절벽 사이를 흐르는 맑은 물길과 더불어, 데크로 조성된 1km가량의 산책로는 사계절 모두 다른 풍경을 선사한다.

♥ 연화봉과 병풍바위

주왕산 정상부에 있는 연화봉은 연꽃잎처럼 겹겹이 펼쳐진 바위 형상이 인상적이며, 인근의 병풍바위와 함께 어우러져 웅장한 암릉 풍경을 자아낸다. 암석들이 만들어 낸 수직 절벽과 굴곡진 능선은 마치 산수화 속 풍경을 현실에서 마주하는 듯한 감동을 준다.

나의 등산 일지

년	월	일		번째	주왕산

거리	소요 시간	날씨	난이도	평점
km	시간 분		☆☆☆☆☆	☆☆☆☆☆

코스

산행 후기

동행자	비용	도전 한마디

주흘산 074
主屹山 주봉
높이: 1,108m | 위치: 경북 문경

주흘산이라는 이름은 고려 공민왕이 홍건적의 난을 피해 산속 혜국사에 피신했다는 이야기에서 유래한다. '주(主)'는 임금, '흘(屹)'은 우뚝 솟은 산을 뜻하며, '임금이 머문 큰 산 또는 우뚝한 나라의 기둥'이라는 의미를 담고 있다.

조선시대에는 매년 조정에서 향과 축문을 내려 제사를 올리던 신령스러운 산으로, 문경의 진산이자 예로부터 영험한 산으로 여겨졌다.

📍 문경새재의 수문장

주흘산은 문경새재를 병풍처럼 감싸며 북쪽의 조령산과 함께 옛 영남대로를 지키는 산이다. 고구려와 신라의 경계였던 이곳은 조선시대 중부와 영남을 잇는 교통의 요지로, 선비들이 과거를 보러 갈 때 반드시 지나던 길목이다.

📍 혜국사와 여궁폭포

해발 520m 지점에 자리한 혜국사는 고려 보조국사 체징이 창건한 고찰이다. 공민왕이 피신한 뒤 나라에 은혜를 끼친 절이라 하여 혜국사로 이름이 바뀌었다. 주흘산 자락에는 20m 높이의 여궁폭포와 팔왕폭포가 있으며, 계곡을 따라 이어진 옛길에는 문경관문이 세워져 역사와 함께하는 산행의 즐거움을 더한다.

나의 등산 일지

	년	월	일		번째	주흘산
거리	소요 시간		날씨	난이도	평점	
km	시간 분			☆☆☆☆☆	☆☆☆☆☆	
코스						

산행 후기

동행자	비용	도전 한마디

지리산

075
智異山 천왕봉

높이: 1,915m / 위치: 경남 산청·함양

천왕봉이라는 이름은 '하늘의 왕'이라는 뜻으로, 거대한 바위가 하늘을 받치는 듯한 형상에서 유래했다. 서쪽 암벽에는 '하늘을 받치는 기둥'이라는 의미의 음각 '천주(天柱)' 글자가 새겨져 있다.

지리산은 "어리석은 자도 머물면 지혜롭게 된다"라는 뜻에서 지리라 불렸으며, 산세가 크고 길어 '지루하다'는 순우리말에서 유래했다는 설도 있다.

📍 남한 제2고봉의 위엄

천왕봉은 지리산의 최고봉이자 남한에서 한라산 다음으로 높다. 백두대간의 실질적 남쪽 끝자락으로, 노고단에서 천왕봉까지 이어지는 주능선은 25.5km에 달한다. 정상에는 1982년 경상남도에서 세운 표지석이 있어 등정의 상징이자 많은 이들이 소망을 담는 장소이다.

📍 삼대가 덕을 쌓아야 볼 수 있는 일출

천왕봉의 일출은 지리 10경 중 으뜸으로 손꼽힌다. 맑은 날 정상에서 맞는 해돋이는 하늘이 열리는 듯한 장관을 연출하지만, 워낙 고도가 높고 구름이 자주 끼어 "삼대가 덕을 쌓아야 볼 수 있다"라는 말이 전해진다. 그만큼 귀하고 장엄하여 수많은 이들이 반복해 오르며 일생 한 번의 감동을 기대하는 명장면이다.

나의 등산 일지

				번째	지리산 천왕봉
년	월	일			

거리	소요 시간	날씨	난이도	평점
km	시간 분		☆☆☆☆☆	☆☆☆☆☆

코스

산행 후기

동행자	비용	도전 한마디

지리산 076
智異山 바래봉

높이: 1,165m 위치: 전북 남원

바래봉이라는 이름은 그 모양이 승려의 밥그릇인 '바리때'를 엎어놓은 모습과 비슷하다 하여 붙여졌다. 바리봉이라 불리던 것이 시간이 지나며 바래봉으로 변한 것이다. 삿갓을 닮았다고 하여 삿갓봉으로도 불리며, 발산(鉢山)이라는 한자 이름도 같은 유래에서 나왔다.

바래봉은 부드럽고 완만한 봉우리 형태가 이름의 이미지와도 잘 어우러진다.

📍 면양이 만들어낸 철쭉 군락지

바래봉 철쭉은 자연 그대로의 결과물이 아니다. 1971년 호주와 한국의 시범 면양 목장이 이곳에 조성되면서 양들이 독성이 없는 식물만 남겨두고 잡목과 풀을 모두 뜯어먹었다. 그 결과로 철쭉만 살아남아 오늘날처럼 광활한 철쭉 군락지가 형성되었다.

📍 붉게 타오르는 철쭉 능선

해발고도에 따라 시차를 두고 피어나는 바래봉 철쭉은 4월 하순부터 5월 중순까지 절정을 이룬다. 바래봉에서 팔랑치로 이어지는 능선은 진분홍 철쭉이 산등성이를 따라 흐르듯 피어 산 전체를 붉게 물들인다. 선명한 빛깔과 높은 밀도 덕분에 '철쭉 산행의 성지'로 불린다.

 **나의 등산 일지**

				번째	지리산 바래봉
년	월	일			

거리	소요 시간	날씨	난이도	평점
km	시간 분		☆☆☆☆☆	☆☆☆☆☆

코스	

산행 후기

동행자	비용	도전 한마디

지리산

077
智異山 반야봉

 높이: 1,732m · 위치: 전남 구례

반야봉이라는 이름은 불교의 핵심 개념 중 하나인 '반야'에서 유래했다. 반야는 산스크리트어 '프라즈냐(Prajñā)'의 음역으로, '지혜'를 뜻한다. 지리산은 한국 불교의 성지로 많은 고찰과 암자가 산재해 있는데, 이곳 반야봉도 수행자들이 참선과 수도를 위해 찾던 명상처였다.

부처의 지혜가 깃든 산, 마음의 번뇌를 내려놓고 깨달음을 얻는 산이라는 의미가 이름에 담겨 있다.

📍 고요한 야영지, 반야봉의 초원

반야봉은 지리산에서 천왕봉과 중봉 다음으로 높은 봉우리다. 정상 인근은 완만한 초원지대로 형성되어 있어 야영지로 인기가 높다. 고요한 밤하늘 아래에서 별을 보고, 새벽엔 붉게 물든 일출을 마주하는 감동은 지리산 산행의 백미다.

📍 화엄사에서 이어지는 순례길

반야봉으로 오르는 길은 천년고찰 화엄사에서 시작된다. 화엄사 일주문을 지나 연기암과 금정암을 경유하는 코스는 지리산의 정신과 자연을 함께 체험할 수 있는 순례길이다. 봄이면 진분홍 철쭉이 능선을 수놓고, 가을이면 단풍이 깊은 산을 물들인다.

 **나의 등산 일지**

	년	월	일		번째	지리산 반야봉
거리		소요 시간		날씨	난이도	평점
km		시간 분			☆☆☆☆☆	☆☆☆☆☆

코스	

산행 후기

동행자	비용	도전 한마디

천관산

078
天冠山 연대봉

높이: 723m | 위치: 전남 장흥

천관산이라는 이름은 수십 개의 기암괴석과 봉우리들이 산 정상부에 빼곡히 솟아 있는 모습이 마치 하늘의 황제가 쓰는 면류관 같다고 하여 붙여졌다. 고대에는 천풍산, 지제산 등으로도 불렸고, 때때로 흰 안개 같은 기운이 감돌아 '신령한 산'이라는 뜻의 신산이라 부르기도 했다.

신라의 화랑 김유신에게 버림받은 천관녀가 이곳에 은거했다는 전설도 전해지며, 그 슬픈 이야기가 산 이름에 서린 정서를 더한다.

📍 호남의 조망 명산

천관산은 지리산, 내장산과 함께 호남을 대표하는 명산 중 하나다. 산세는 낮지만 탁월한 조망으로 이름 높다. 정상인 연대봉에 오르면 다도해의 풍경부터 무등산, 월출산 그리고 멀리 한라산까지 조망할 수 있다.

📍 은빛 억새의 물결

가을이면 천관산은 억새의 천국으로 변모한다. 정상 부근의 능선을 따라 약 40만 평 규모의 억새밭이 펼쳐지며, 은빛 물결이 바람에 따라 넘실거린다. 억새축제 기간에는 장흥 일대에서 가장 많은 인파가 몰려드는 명소가 된다.

 **나의 등산 일지**

천관산

	년	월	일		번째	
거리		소요 시간		날씨	난이도	평점
km		시간 분			☆☆☆☆☆	☆☆☆☆☆

코스	

산행 후기

동행자	비용	도전 한마디

천마산

079
天摩山

높이: 812m | 위치: 경기 남양주

천마산이라는 이름은 고려 말 이성계가 이 곳에서 사냥하다 산의 높고 웅장한 모습에 감탄하며 "손이 석 자만 더 길었어도 하늘을 만질 수 있겠다"라고 말한 데서 유래했다는 이야기가 전해진다.

그러나 조선시대 문헌에서는 '만질 마(摩)' 대신 '삼 마(麻)'나 말 마(馬)'로 기록한 경우도 있어, 실제로는 산의 꼭대기나 머리를 뜻하는 순우리말 '마리'를 한자로 옮긴 이름이라는 해석이 유력하다.

📍 서울 근교의 조망 명산

천마산은 남양주시와 경기도 일대를 아우르는 서울 근교의 명산으로, 산세는 비교적 험하지만 능선이 방사형으로 뻗어 있어 사방에서 정상 조망이 가능하다. 수도권에서 당일 산행지로 인기가 많으며, 사시사철 다양한 풍경을 즐길 수 있다.

📍 보광사와 숲속 문화시설

산 남쪽 자락에는 신라 혜거국사가 창건한 보광사가 자리하고 있으며, 숲속에는 수련장과 교육시설도 함께 조성되어 있다. 예전에는 천마산 스키장이 있어 겨울철 레저 명소로 각광받았지만 현재는 폐업했다. 산에는 근대 교육자 배상명의 묘소도 있어 교육적 의미도 더해진다.

 **나의 등산 일지**

천마산

	년	월	일		번째	
거리	소요 시간		날씨	난이도	평점
km	시간 분			☆☆☆☆☆	☆☆☆☆☆
코스					

산행 후기

동행자	비용	도전 한마디

천성산 080
千聖山 원효봉

높이: 922m　위치: 경남 양산

천성산이라는 이름은 신라시대 고승 원효대사의 설법에서 유래했다. 전설에 따르면 원효대사가 당나라에서 온 천 명의 스님에게 화엄경을 설법해 모두 성인의 경지에 이르게 했다고 전해지며, 이로 인해 '천 명의 성인'이라는 뜻의 천성산이라 부르게 되었다.

과거에는 제1봉을 원효산, 제2봉을 천성산으로 불렀으나 현재는 제1봉을 천성산 원효봉, 제2봉을 천성산 비로봉으로 통합 명명하고 있다.

♥ 한반도 본토 일출 1번지

천성산은 한반도 본토에서 가장 먼저 해가 뜨는 산으로 알려져 있다. 일출 시각이 간절곶보다도 평균 2~4분 빠른데, 고도와 위도, 경도 등이 어우러진 특이한 지형 덕분이다. 정상에서는 동해와 남해, 지리산과 멀리 일본 쓰시마까지 조망된다.

♥ 화엄늪과 생태 보존 가치

천성산 정상부에는 드넓은 억새평원과 함께 '화엄늪'이라 불리는 산지 습지가 있다. 이곳은 희귀종인 도롱뇽을 비롯해 끈끈이주걱, 물장군 등 다양한 습지 생물이 서식하는 생태의 보고다. '천성산 도롱뇽 소송'이라는 이름으로 기억되면서 지금도 이 일대는 환경 운동과 생태 교육의 현장으로 의미가 깊다.

 **나의 등산 일지**

천성산

	년	월	일		번째	
거리	소요 시간		날씨	난이도	평점	
km	시간 분			☆☆☆☆☆	☆☆☆☆☆	

코스	

산행 후기

동행자	비용	도전 한마디

천태산 081
天台山

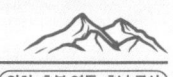

높이: 715m   위치: 충북 영동, 충남 금산

천태산이라는 이름은 고려시대 불교 천태종의 본산인 영국사에서 유래하였다. 원래는 지륵산으로 불렸으나 고려 문종 시기에 대각국사 의천이 산 이름을 천주산, 절 이름을 국청사로 바꾸었다.
이후 중국 천태종의 성산인 저장성의 천태산에서 이름을 따 현재의 천태산이라 부르게 되었다. 불교의 중심지로서의 역사성과 지명 유래가 깊이 얽혀 있는 산이다.

📍 충북의 설악산
천태산은 높지 않지만 기암괴석이 수직으로 솟은 절경으로 '충북의 설악산'이라 불린다. 암릉과 숲, 계곡이 어우러진 경관은 아기자기하면서도 웅장한 느낌을 준다. 능선이 완만하고 등산로가 잘 정비되어 있어 가족 단위 산행지로도 인기가 높다.

📍 영국사와 공민왕
천태산 기슭에는 고려시대에 창건된 영국사가 있다. 공민왕이 홍건적의 난을 피해 이곳으로 피신했으며, 나라의 안정을 기원하며 절 이름을 영국사로 바꾸었다고 한다. 절 안에는 보물로 지정된 석조여래좌상과 천연기념물 은행나무가 있어 문화적 가치도 높다.

나의 등산 일지

천태산

년	월	일	번째
거리	소요 시간	날씨	난이도	평점
km	시간 분		☆☆☆☆☆	☆☆☆☆☆

코스

산행 후기

동행자	비용	도전 한마디

청계산

082
淸溪山 매봉

높이: 618m | 위치: 서울 서초, 경기 성남·과천

청계산이라는 이름은 '맑은 계곡'을 뜻하는 청계에서 유래했다. 산 곳곳에 사철 마르지 않는 물줄기가 흐르고 있어 이름처럼 청량한 분위기를 자아낸다.

조선시대 문헌에도 청계산이라 표기되어 있을 만큼 오래된 지명이며, 옥녀봉과 원터골, 매봉 아래로 이어지는 계곡들은 지금도 산의 생명력을 보여준다. 수도권 한복판에 자리하고 있어 전국의 같은 이름의 청계산 중에 가장 인지도가 높으며, 등산 초보자들이 많이 찾는 산으로 유명하다

📍 망경대 조망터

청계산의 정상인 망경대는 북악산, 남산, 관악산, 북한산까지 탁 트인 조망이 가능하며, 한강과 서울 시내 전경도 한눈에 담긴다. 특히 일출 시 붉게 물든 하늘과 도심 풍경이 어우러져 사진 촬영 명소로도 사랑받고 있다.

📍 원터골 계곡

청계산 남쪽에 있는 원터골은 울창한 숲과 맑은 계곡물이 흐르는 대표적인 자연 휴식처다. 여름철 피서지로 인기가 높고 경사가 완만해 남녀노소 모두 부담 없이 찾고 있다.

나의 등산 일지

번째 **청계산**

년	월	일

거리	소요 시간	날씨	난이도	평점
km	시간 분		☆☆☆☆☆	☆☆☆☆☆

코스

산행 후기

동행자	비용	도전 한마디

청량산 083
清凉山 장인봉

높이: 870m　위치: 경북 봉화·안동

청량산이라는 이름은 맑고 서늘한 기운을 머금은 산세에서 비롯되었다. 본래는 '수산(水山)'이라 불렸으나 조선시대 들어 그 경관이 중국 화엄종의 성산인 청량산과 닮았다는 데서 현재의 이름이 붙여졌다.

청량은 '맑을 청(淸)과 서늘할 량(凉)'으로, 산 전체를 감도는 청정한 기운과 절경을 잘 나타낸다. 기암괴석과 계곡, 울창한 숲이 조화를 이루는 명산으로 오랜 세월 수도와 학문의 터전이 되어 왔다.

📍 의상봉과 12봉의 기암절경

청량산은 의상봉, 자란봉, 장인봉 등 기암으로 이루어진 12개의 봉우리가 병풍처럼 둘러서 있다. 바위마다 이름과 전설이 깃들어 있어 눈과 마음을 모두 사로잡는다.

📍 퇴계 이황의 청량정사

청량정사는 퇴계 이황이 청량산을 오가며 머물면서 성리학을 공부하고 후진을 양성했던 학문의 정자다. 그는 이곳을 '오가산(吾家山)'이라 부르며 사랑했고, 청량산에 관련된 시를 50편 넘게 남겼다.

 나의 등산 일지

청량산

	년 월 일		번째	
거리	소요 시간	날씨	난이도	평점
km	시간 분		☆☆☆☆☆	☆☆☆☆☆
코스				

산행 후기

동행자	비용	도전 한마디

청화산 084
青華山

(높이: 970m) (위치: 경북 의성·구미, 대구 군위)

전해지는 이야기에 따르면, 청화산은 원래 '화할 화(華)'가 아닌 '불 화(火)' 자를 써서 청화산이라 표기하고, 산이 푸르고 사철 꽃이 불타듯 만발하여 이러한 이름으로 불렸다고 한다.

그런데 이름 때문인지 유난히 산불이 자주 발생하였기 때문에 어느 선비가 청화산의 '화(火)'를 '화(華)'로 바꾸자고 제안하여 지금과 같은 지명이 되었다는 흥미로운 이야기가 전해진다.

📍 용두봉의 압도적 조망

청화산 정상에 오르면 사방으로 조망이 트이면서 구미 시내, 금오산, 팔공산까지 한눈에 들어온다. 특히 해 뜨는 시간대의 풍경은 일품이다. 맑은 날이면 멀리 낙동강 물줄기까지 시야에 들어와 탁 트인 개방감이 인상 깊다.

📍 산자락의 고요한 암자

남쪽 자락에 자리한 영모암은 소박한 산중 암자로, 나무 사이를 걷다 마주하면 한 폭의 풍경화처럼 고요함을 선사한다. 규모는 작지만 예불 소리와 산새 소리가 어우러져 잠시 머물기에 더없이 평온한 공간이다.

나의 등산 일지

				번째	청화산
년	월	일			

거리	소요 시간	날씨	난이도	평점
km	시간 분		☆☆☆☆☆	☆☆☆☆☆

코스

산행 후기

동행자	비용	도전 한마디

축령산
祝靈山

085

(높이: 621m) (위치: 전남 장성)

축령산은 본래 취령산 또는 문수산으로 불렸으며, 지금의 이름은 '신령에게 제사를 지내는 산'이라는 뜻에서 유래했다. 예로부터 신성한 기운이 깃든 산으로 알려져 마을 주민들은 이곳에서 산신제를 올리며 풍년과 평안을 기원했다.

축령산의 이름에는 자연에 대한 경외심과 공동체 신앙이 고스란히 담겨 있으며, 산자락에는 제단의 흔적과 제사 터로 사용되던 장소가 지금도 남아 있다.

📍 국내 최대의 편백 조림지

민둥산이던 축령산에 1956년부터 임종국 선생이 사재를 들여 편백나무와 삼나무 250만 그루를 심기 시작했고, 지금은 국내 최대 규모의 조림지로 성장했다. 황폐했던 산을 생명의 숲으로 바꾼 이 노력은 한국 조림 사업의 대표적 성공 사례로 평가받는다.

📍 피톤치드 가득한 산림욕 명소

편백나무 숲 사이를 걷는 하늘숲길과 숲내음길은 피톤치드가 가득해 심신을 치유하는 산림욕 코스로 각광받고 있다. 완만한 길과 잘 정비된 데크길 덕분에 남녀노소 누구나 부담 없이 자연을 즐길 수 있어 주말이면 방문객이 끊이지 않는다.

나의 등산 일지

축령산

	년	월	일		번째	
거리		소요 시간		날씨	난이도	평점
km		시간 분			☆☆☆☆☆	☆☆☆☆☆

코스

산행 후기

동행자	비용	도전 한마디

치악산 086
雉嶽山 비로봉

높이: 1,288m   위치: 강원 원주·횡성

치악산은 원래 단풍으로 붉게 물드는 산세 때문에 '적악산(赤嶽山)'이라 불렸다. 그러나 '은혜 갚은 꿩'의 전설에 따라 이름이 바뀌었다.

한 나그네가 구렁이에게 잡아먹히려던 꿩을 구해주자 꿩이 그 은혜를 갚아 나그네를 위기에서 구했다는 이야기에서 '적(赤)'이 '꿩 치(雉)' 자로 바뀌었다고 전해진다. 이 전설은 치악산의 깊은 숲과 생명력 있는 자연이 전해주는 교훈과도 닿아 있어 산 전체에 상징성을 부여한다.

📍 상원사의 전설과 의미

꿩을 구해준 젊은이가 구렁이에게 위협받던 새벽에 절에서 울린 종소리 세 번에 구렁이가 놀라 물러났다는 전설이 전해진다. 이후 그 자리에 세워진 절이 상원사로, 꿩의 영혼을 위로하고 은혜의 의미를 되새기기 위해 지어진 사찰이다. 상원사는 전설을 넘어 생명에 대한 연민과 보은의 정신을 상징하는 공간이다.

📍 기암괴석과 폭포의 절경

비로봉을 중심으로 1,000m 이상의 봉우리들이 연이어 있으며, 크고 작은 골짜기와 구룡폭포, 세렴폭포, 영원폭포 등 기암절벽과 맑은 물이 어우러진 절경이 산재해 있어 등산객의 발길을 사로잡는다.

나의 등산 일지

치악산

	년	월	일		번째	
거리		**소요 시간**		**날씨**	**난이도**	**평점**
km		시간 분			☆☆☆☆☆	☆☆☆☆☆

코스

산행 후기

동행자	**비용**	**도전 한마디**

칠갑산 087
七甲山 비로봉

(높이: 561m) (위치: 충남 청양)

칠갑산은 백제시대 사비성 북쪽의 진산으로 성스럽게 여겨져 왔다. '만물 생성의 근원'을 뜻하는 칠(七)과 '싹이 돋는다'는 의미의 갑(甲)이 결합한 이름으로 생명의 시원을 상징한다.

산을 둘러싼 지천이 일곱 곳의 명당을 형성했다는 설과 일곱 장수가 태어날 명산이라는 전설도 전해진다. 이처럼 칠갑산은 지리적 의미와 더불어 신화적 상징성까지 지닌 충남의 대표 명산으로 꼽힌다.

📍 백제의 얼을 품은 명산

칠갑산은 충남의 중심에 위치하며, 산 주변으로 두솔성지, 도림사지, 금강사지 등 백제 유적지가 즐비하다. 특히 신라 문성왕 때 창건된 장곡사는 상대웅전과 하대웅전이라는 두 개의 대웅전이 있는 특이한 구조로, 국내에서 보기 드문 가람배치를 이루고 있다.

📍 천장호 출렁다리와 장승공원

산 동쪽 천장호에 있는 출렁다리는 길이 207m로 국내 최장이며, 주탑은 청양고추를 형상화했다. 전국 최대 규모의 300여 기 장승이 전시된 장승공원은 지역의 상징적인 문화공간으로 인기를 끌고 있다.

 나의 등산 일지

칠갑산

거리	소요 시간	날씨	난이도	평점
km	시간 분		☆☆☆☆☆	☆☆☆☆☆

번째

코스

산행 후기

동행자	비용	도전 한마디

칠보산 088
七寶山

(높이: 778m) (위치: 충북 괴산)

칠보산은 일곱 개의 봉우리가 보석처럼 아름답다 하여 붙여진 이름이다. 본래는 칠봉산이라 불렸으나 불교의 일곱 가지 보물(금, 은, 산호, 거저, 마노, 파리, 진주)처럼 수려하다는 의미에서 칠보산으로 바뀌었다고 전해진다.

불경에 나오는 보배를 품었다는 전설도 함께 전해지며, 예로부터 신성하고 영험한 산으로 불교적 상징성이 깊은 곳이다.

📍 열다섯 개의 독특한 암봉

칠보산은 일곱 봉우리로 유명하지만 실제로는 열다섯 개의 크고 작은 봉우리로 이루어졌다. 능선은 W와 M 자 형태로 연결되어 있으며, 몇 걸음만에 오르내리는 아기자기한 암릉길이 산행의 재미를 더한다. 암릉 사이로 기묘한 소나무가 어우러져 동양화 같은 절경을 만날 수 있다.

📍 절경의 계곡, 쌍곡구곡

칠보산 최고의 절경은 쌍곡구곡이다. 시루떡을 자른 모양의 떡바위(제3곡), 신비로운 분위기의 문수암골(제4곡), 웅장한 쌍벽(제5곡)과 용소(제6곡) 그리고 쌍곡폭포(제7곡) 등 아홉 개의 명소가 펼쳐진다. 특히 여름철 시원한 계곡과 푸른 숲이 어우러져 가족 단위 탐방객들이 즐겨 찾는다.

 **나의 등산 일지**

칠보산

	년	월	일		번째	
거리	소요 시간		날씨	난이도	평점	
km	시간	분		☆☆☆☆☆	☆☆☆☆☆	

코스

산행 후기

동행자	비용	도전 한마디

태백산 089
太白山 장군봉

높이: 1,567m　위치: 강원 태백, 경북 봉화

태백산이라는 이름은 '크고 흰 산'이라는 뜻의 한자어에서 유래했다. '태(太)'는 크다, 백(白)은 희다'라는 의미로, 일년 내내 눈이 덮여 있어 하얗게 보이는 산의 모습에서 붙여진 이름이다. 우리나라 동쪽 끝에 자리한 큰 산이라는 의미도 담고 있다.

조선시대에는 대백산이라고도 불렸으며, 예로부터 신성한 산으로 여겨져 국가적 제사를 지내는 명산으로 대우받았다.

📍 천제단과 단군

태백산 정상 부근에는 단군이 하늘에 제사를 지냈다는 천제단이 있어 우리나라 건국 신화와 깊은 연관이 있다. 매년 개천절에는 '개천대제'가 열려 민족의 시조인 단군을 기리는 전통이 이어지고 있다. 천제단 주변에는 하늘과 가장 가까운 곳이라는 의미의 망경사라는 절터도 남아 있다.

📍 태백고원의 중심

해발 1,000m 이상의 고원지대에 위치한 태백산은 태백고원의 중심을 이루며, 한반도 분수령의 핵심 지역이다. 정상에서는 동해까지 시원하게 펼쳐지는 조망을 감상할 수 있으며, 맑은 날에는 울릉도까지 보인다고 한다. 태백산 일대는 석탄 매장량이 풍부해 우리나라 근대화의 에너지원 역할을 했던 역사적 의미도 크다.

나의 등산 일지

	년	월	일		번째	**태백산**
거리		**소요 시간**		**날씨**	**난이도**	**평점**
km		시간 분			☆☆☆☆☆	☆☆☆☆☆

코스	

산행 후기

동행자	**비용**	**도전 한마디**

태화산

090
太華山

높이: 1,027m   위치: 강원 영월, 충북 단양

태화산이라는 이름은 '태(太)는 크다, 화(華)는 꽃다울 화 또는 빛날 화'를 의미하는 한자어에서 유래했다. 크고 아름답게 빛나는 산이라는 뜻으로, 계절마다 변화무쌍한 아름다운 경관을 자랑하는 산의 특성을 잘 나타낸다.

특히 이 산의 단풍은 영월 8경 중 하나로 알려져 있어 화려한 자연미를 간직한 곳임을 알 수 있다. 예로부터 영월 지역의 진산으로 여겨져 왔으며, 산세가 웅장하면서도 부드러운 능선을 이루고 있어 태화라는 이름에 걸맞은 품격을 보여준다.

📍 고씨동굴과 남한강 풍경

태화산 기슭의 고씨동굴은 임진왜란 당시 피난처였던 곳으로, 4억 년의 세월이 빚은 신비로운 석회동굴이다. 정상에서는 산을 휘감고 흐르는 남한강의 절경을 한눈에 내려다볼 수 있다.

📍 고구려의 태화산성

정상 부근에는 고구려 시대에 쌓은 태화산성이 남아 있다. 둘레가 약 1200m로 흙과 돌을 쌓은 성벽이 잘 보존되어 있으며, 산 주변에는 온달성과 온달동굴 등 고구려의 역사를 간직한 유적이 많다.

 **나의 등산 일지**

년　　　월　　　일　　　　　　번째　**태화산**

거리	소요 시간	날씨	난이도	평점
km	시간　분		☆☆☆☆☆	☆☆☆☆☆

코스

산행 후기

동행자	비용	도전 한마디

팔공산 091
八公山 비로봉
(높이: 1,192m) (위치: 대구 동구·군위, 경북 경산·영천·칠곡)

팔공산이라는 이름은 후삼국시대 공산전투에서 유래했다. 고려 태조 왕건이 후백제 견훤과 싸우다 포위당하자 신숭겸이 태조로 가장하여 적진에 뛰어들어 전사했다. 이때 신숭겸과 김락 등 8명의 장수가 모두 전사하여 원래 이름인 공산에서 팔공산으로 바뀌었다고 전해진다.

신라시대에는 꿩산, 부악, 중악으로도 불렸으며, 조선시대에 와서 지금의 팔공산으로 불려졌다.

📍 봉황산의 전설

팔공산은 봉황이 날개를 펼친 모습으로 대구분지를 감싸는 대구의 진산이다. 최고봉인 비로봉이 봉황의 머리이고, 동봉과 서봉이 솟아오른 봉황의 날개라고 한다. 동화사 자리가 봉황의 아기궁이라 하여 겨울에도 오동나무 꽃이 필 정도로 따뜻하다고 전해진다.

📍 갓바위와 불교 성지

통일신라시대 때 의현 스님이 돌아가신 어머니를 천도하기 위해 조각한 갓바위가 유명하다. 정성껏 빌면 한 가지 소원을 들어준다는 전설이 있어 연중 참배객이 끊이지 않는다.

나의 등산 일지

	년	월	일		번째	
거리	소요 시간		날씨	난이도	평점	
km	시간 분			☆☆☆☆☆	☆☆☆☆☆	

코스

산행 후기

동행자	비용	도전 한마디

팔봉산 092
八峰山 2봉

높이: 327m   위치: 강원 홍천

팔봉산이라는 이름은 여덟 개의 봉우리가 줄지어 있는 데서 유래했다. 원래는 감물악이라고 불렸는데, 〈신증동국여지승람〉에는 "팔봉산은 별칭으로 감물악인데 현의 서쪽 60리에 있다"라고 기록되어 있다. 홍천강이 산의 삼면을 둘러싸고 있고, 강 남쪽 연안을 따라 여덟 개의 봉우리가 길게 뻗어 있어 팔봉산이라 부르게 되었다. 여덟 형제가 어깨동무를 한 모양새로, 각 봉우리에는 소나무가 수석처럼 자라 병풍 한 폭 같은 모습이다.

📍 삼부인당과 해산굴

2봉 정상에 있는 삼부인당은 세 명의 여신을 모시는 당집으로, 인근 주민들의 안녕과 질병, 풍년을 주재한다고 알려졌다. 4봉의 해산굴은 통과 과정이 산모의 출산 고통과 같다고 하여 이름이 붙여졌다.

📍 여덟 봉우리를 잇는 암릉 산행의 묘미

팔봉산은 이름처럼 여덟 개의 바위 봉우리가 이어져 독특한 산행을 선사한다. 특히 4봉 정상에서 내려다보는 홍천강의 절경은 이 산의 백미다. 좁고 험준한 암릉 구간에 설치된 철제 계단과 로프를 이용해 오르내리는 짜릿한 긴장감, 발아래 흐르는 맑은 강물이 어우러져 잊지 못할 감동을 준다.

 **나의 등산 일지**

번째 **팔봉산**

년	월	일			
거리	소요 시간		날씨	난이도	평점
km	시간 분			☆☆☆☆☆	☆☆☆☆☆

| 코스 | |

산행 후기

| 동행자 | 비용 | 도전 한마디 |

팔영산 093
八影山 깃대봉

높이: 608m | 위치: 전남 고흥

팔영산이라는 이름에는 여러 가지 전설이 전해진다. 중국 위나라 왕이 세숫대야에 비친 여덟 봉우리의 그림자를 보고 감탄하여 신하들에게 이 산을 찾으라 명했는데, 조선의 고흥 땅에서 이 산을 발견한 것에서 유래했다는 설이 있다.

또 다른 설로 금닭이 울고 날이 밝아 햇빛이 바다 위로 떠오르면 이 산의 봉우리가 마치 창파에 떨어진 인쇄판 같은 모습을 보여 '영(影)' 자가 붙었다는 이야기도 있다.

◎ 8개 봉우리의 이름

고흥군은 1998년 초에 각 봉우리의 정상에 고유 이름을 표지석에 새겨놓았다. 제1봉 유영봉, 제2봉 성주봉, 제3봉 생황봉, 제4봉 사자봉, 제5봉 오로봉, 제6봉 두류봉, 제7봉 칠성봉, 제8봉 적취봉이다. 생황봉은 바람이 스치면 생황 소리가 난다고 해서, 사자봉은 사자가 엎드린 모양이어서 이름이 붙여졌다.

◎ 다도해해상국립공원 편입

다도해해상국립공원 8개 지구 중 유일하게 해역이나 해변을 포함하지 않은 육지 지역이다. 정상에 오르면 다도해의 절경이 한눈에 펼쳐지며, 날씨가 좋으면 대마도까지 조망된다.

 나의 등산 일지

	년	월	일		번째	**팔영산**
거리	소요 시간		날씨	난이도	평점	
km	시간 분			☆☆☆☆☆	☆☆☆☆☆	

코스

산행 후기

동행자	비용	도전 한마디

한라산

094
漢拏山 백록담

높이: 1,950m 위치: 제주

한라산이라는 이름은 '은하수를 잡아당길 만큼 높다'라는 뜻에서 유래했다. '한(漢)'은 은하수를, '라(拏)'는 잡을 나를 의미하며, 산이 워낙 높아 정상에 서면 은하수를 손에 잡을 수 있다는 상징적 표현이다.

하늘을 뜻하는 한울산으로 불렸다는 설도 있으며, 고려시대 한자식 표기 과정에서 한라산으로 바뀌었다고 전해진다. 이처럼 한라산은 단순한 지명이 아니라 제주인의 우주관과 자연에 대한 경외심이 담긴 상징적 이름이다.

📍 남한 최고봉, 백록담

한라산 정상의 화산 분화구인 백록담은 흰 사슴이 물을 마셨다는 전설에서 유래한 이름으로, 호수 둘레가 약 3km에 달한다. 정상에서 보는 백록담의 신비로운 풍경은 한라산 등반의 하이라이트로 꼽힌다.

📍 제주의 상징, 천연보호구역

한라산은 1966년 천연기념물, 1970년 국립공원으로 지정되었으며, 2007년 유네스코 세계자연유산으로 등재되어 세계적으로 가치를 인정받았다. 산 전체가 화산활동의 역사를 보여주는 생태박물관으로, 구상나무와 한라산철쭉 등 희귀 식물과 고유 생태계가 살아있는 자연의 보고다.

 **나의 등산 일지**

	년	월	일		번째	**한라산**
거리	소요 시간		날씨	난이도		평점
km	시간 분			☆☆☆☆☆		☆☆☆☆☆

코스

산행 후기

동행자	비용	도전 한마디

함백산 095
咸白山

높이: 1,573m　위치: 강원 태백

함백산은 조선 영조 때 실학자 신경준이 편찬한 〈산경표〉에 '크고 밝은 뫼'를 뜻하는 대박산(大朴山)으로 기록되어 있으며, 〈삼국유사〉에는 수미산과 같은 뜻을 지닌 묘범산(妙梵山)으로 소개하고 있다.

이후 일제강점기에 제작된 조선지형도에서 현재의 명칭인 함백산이 나타나는데, 태백, 대박, 함백 모두 '크게 밝다'라는 공통된 의미를 담고 있다.

📍 적멸보궁 정암사와 수마노탑

함백산 기슭에는 신라 선덕여왕 때 자장율사가 창건한 정암사가 있다. 이곳은 부처님의 진신사리를 모신 국내 5대 적멸보궁 중 하나로 유명하며, 법당에 불상을 두지 않고 사리만을 봉안했다. 사찰 뒤편에는 국내 유일의 마노석탑인 수마노탑이 신비로운 자태를 뽐낸다.

📍 자동차로 오르는 최고봉, 만항재

함백산은 남한에서 자동차로 오를 수 있는 가장 높은 산이다. 국내 최고 높이의 고개인 만항재(1,330m)에서 정상까지 약 2km의 쉬운 등산로가 펼쳐진다. 정상에서는 태백산, 소백산, 가리왕산 등이 시원하게 조망되며, 주목과 야생화 군락이 장관을 이뤄 많은 등산객이 찾는다.

나의 등산 일지

	년	월	일		번째	**함백산**
거리		소요 시간		날씨	난이도	평점
km		시간 분			☆☆☆☆☆	☆☆☆☆☆

코스

산행 후기

동행자	비용	도전 한마디

화악산 096
華岳山 중봉

높이: 1,446m | 위치: 경기 가평, 강원 화천

화악산 이름의 정확한 유래는 명확하지 않지만, 조선시대 문헌에는 '꽃 화(花)와 빛날 화(華)' 자가 함께 사용되어 아름답고 신령스러운 산으로 기록되어 있다.

봄이 와도 정상에는 눈이 녹지 않아 '설봉(雪峰)'이라 불리며, 항상 눈 덮인 모습이 마치 하얀 꽃이 핀 듯하다는 해석도 전해진다. 신선봉과 응봉, 중봉은 나란히 솟아 있어 삼형제봉이라 불리며, 기상 변화가 심하고 신비로운 능선 덕분에 예로부터 산신이 깃든 산으로 여겨졌다.

📍 경기 최고봉, 삼형제봉의 절경

화악산은 경기도에서 가장 높은 산이며, 경기 5악(운악산, 송악산, 관악산, 감악산, 화악산) 중 으뜸으로 꼽힌다. 정상부인 신선봉은 군부대가 주둔해 접근할 수 없지만, 응봉과 중봉을 잇는 능선길에서는 웅장한 산세와 명지산, 국망봉 등 명산의 파노라마를 한눈에 감상할 수 있다.

📍 조무락골 청정한 비경

화악산 서쪽에 있는 조무락골은 원시림과 맑은 계곡이 어우러져 '작고 아름답다'라는 뜻을 가진 비경지대다. 숲길에는 크고 작은 폭포와 소가 연이어 나타나며, 특히 가을 단풍철의 계곡 풍경은 산의 이름처럼 아름답고 화려하다.

 **나의 등산 일지**

| | | | 번째 | **화악산** |

| 년 | 월 | 일 | | |

거리	소요 시간	날씨	난이도	평점
km	시간 분		☆☆☆☆☆	☆☆☆☆☆

| 코스 |

산행 후기

| 동행자 | 비용 | 도전 한마디 |

화왕산 097
火旺山

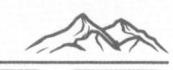
(높이: 756m) (위치: 경남 창녕)

화왕산이라는 이름은 선사시대의 화산 활동에서 유래한 것으로 알려져 있다. '화(火)'는 불을, '왕(旺)'은 왕성함을 뜻해 '불의 기운이 왕성한 산'을 의미한다.

옛날에는 '불뫼 또는 큰불뫼'로도 불렸는데, 봄철 붉게 피어나는 진달래가 산 전체를 활활 타오르는 듯 물들여 이러한 이름이 붙었다는 설도 전해진다. 산 정상부에 형성된 분화구 지형과 화산암 지질은 실제 화산의 흔적을 보여줘 학술적으로도 가치가 크다.

📍 광활한 억새 평원

화왕산 정상에는 광활한 억새밭이 펼쳐져 있어 가을이면 산 전체가 은빛 물결로 장관을 이룬다. 억새밭과 어우러진 주변 풍경은 사계절 모두 아름다워 사진작가들의 사랑을 받는 곳이다.

📍 화왕산성과 곽재우 장군

해발 600m 지점에는 사적 제64호 화왕산성이 있다. 가야시대에 축조된 것으로 추정되며, 성벽 둘레가 2.7km에 이르는 견고한 석성이다. 임진왜란 때 홍의장군 곽재우가 이곳을 근거지로 의병을 일으켜 왜군의 북상을 저지한 역사적 요충지다. 성터에는 지금도 당시의 역사를 느낄 수 있는 유적들이 남아 있다.

나의 등산 일지

　　　년　　　월　　　일　　　　　　번째 **화왕산**

거리	소요 시간	날씨	난이도	평점
km	시간　　분		☆☆☆☆☆	☆☆☆☆☆

코스

산행 후기

동행자	비용	도전 한마디

황매산

098
黃梅山

높이: 1,113m 위치: 경남 합천·산청

황매산이라는 이름은 풍요로움을 뜻하는 '황(黃)'과 고결함을 상징하는 '매(梅)'에서 유래했다. 산세가 마치 매화꽃이 만개한 형상을 보이고 있으며, 산의 그림자가 합천호에 비칠 때 세 송이의 매화꽃처럼 보여 '수중매(水中梅)'라는 별칭도 있다.
봄철에는 철쭉 군락이 매화처럼 산자락을 물들이며, 실제 풍경이 산 이름의 의미를 더욱 실감나게 한다.

📍 전국 최대 철쭉군락

황매산은 소백산, 바래봉과 더불어 국내 3대 철쭉 명산 중 하나로 꼽힌다. 매년 5월이면 산 정상 아래 펼쳐진 드넓은 황매평전을 따라 분홍빛 철쭉이 화려하게 피어나 환상적인 풍경을 연출한다. 철쭉제 기간에는 수많은 관광객과 사진작가가 몰려 장관을 이룬다.

📍 무학대사의 수도처

황매산의 무학굴은 태조 이성계를 도왔던 무학대사가 젊은 시절 수도했던 곳으로 유명하다. 무학대사는 이곳에서 어머니의 발이 뱀과 칡, 가시에 다치자 100일 기도를 올렸고, 이후 황매산에 이 세 가지가 사라졌다는 '삼무(三無)의 산' 전설이 전해진다. 효를 상징하는 이야기로 등산객들이 친숙하게 여기는 장소다.

 **나의 등산 일지**

황매산

	년	월	일		번째	
거리		소요 시간		날씨	난이도	평점
km		시간 분			☆☆☆☆☆	☆☆☆☆☆
코스						

산행 후기

동행자	비용	도전 한마디

황석산 099
黃石山

높이: 1,192m 위치: 경남 함양

황석산이라는 이름은 산을 이루는 바위들이 누런빛을 띤다고 하여 붙여졌다고 전해진다. 백두대간에서 갈라진 지맥에 있는 기백산, 금원산, 거망산, 황석산 중 가장 동쪽에 있으며, 두 개의 거대한 바위봉이 병풍처럼 솟아 웅장한 산세를 이룬다.

정상 능선은 암릉과 숲이 조화를 이루며, 조망이 탁 트여 경남 지역 명산 중 하나로 손꼽힌다.

📍 황석산성의 처절한 역사

황석산 정상에는 임진왜란 당시 치열한 전투가 벌어졌던 황석산성이 있다. 왜군의 침략에 끝까지 저항하던 의병과 백성들은 성이 무너지자 목숨을 던져 지조를 지켰다. 지금도 북쪽 절벽은 그때 흘린 피로 붉게 물들어 있다는 이야기가 전해진다.

📍 광활한 억새 능선

황석산은 가을철에 거망산과 연결된 능선 전체가 드넓은 억새 군락지로 변한다. 해발 1,000m가 넘는 고지에 끝없이 펼쳐진 억새는 바람에 따라 은빛 물결을 만들어 장관을 연출하여 등산객들의 마음을 사로잡는다.

📜 나의 등산 일지

황석산

거리	소요 시간	날씨	난이도	평점
km	시간 분		☆☆☆☆☆	☆☆☆☆☆

코스

산행 후기

동행자	비용	도전 한마디

황악산

100
黃岳山

높이: 1,111m   위치: 경북 김천, 충북 영동

황악산이라는 이름은 험준한 산을 뜻하는 '악(岳)'과 흙을 의미하는 '누를 황(黃)'을 결합해 돌산이 아닌 부드러운 흙산이라는 데서 유래했다. 예로부터 학이 자주 날아들어 황학산(黃鶴山)이라 불리기도 했으나, 직지사 현판과 〈택리지〉 등 주요 문헌에는 황악산으로 명기되어 있다.

산세는 부드럽지만 높고 넓게 펼쳐져 있어 신라시대부터 불교의 성지로 알려졌고, 지금도 직지사를 품은 명산으로 존중받는다.

📍 신라 천년고찰 직지사

황악산 자락의 직지사는 신라 눌지왕 2년(418년)에 아도화상이 창건했다고 한다. 이름은 선종의 교리인 '직지인심 견성성불'에서 유래했으며, 고려시대 크게 중창되어 경상북도 대표 고찰로 자리 잡았다. 경내에는 국보와 보물 등 귀중한 문화재가 많다.

📍 사명대사의 출가본사

임진왜란 때 의승병을 이끌어 나라를 구한 사명대사가 출가한 곳이 직지사다. 사명대사가 소년 시절 수행 중 잠들었다는 바위가 지금도 천왕문 앞에 남아 있으며, 호국의 정신이 살아 있는 성지로 추앙받고 있다.

나의 등산 일지

	년	월	일		번째	황악산
거리	소요 시간		날씨	난이도	평점	
km	시간 분			☆☆☆☆☆	☆☆☆☆☆	

코스

산행 후기

동행자	비용	도전 한마디	

 **나의 등산 일지**

	년 월 일		번째	
거리	소요 시간	날씨	난이도	평점
km	시간 분		☆☆☆☆☆	☆☆☆☆☆

코스	

산행 후기

동행자	비용	도전 한마디

나의 등산 일지

	년	월	일	번째		
거리	소요 시간		날씨	난이도	평점	
km	시간	분		☆☆☆☆☆	☆☆☆☆☆	

코스	

산행 후기

동행자	비용	도전 한마디

 **나의 등산 일지**

	년	월	일	번째		
거리	소요 시간		날씨		난이도	평점
km	시간	분			☆☆☆☆☆	☆☆☆☆☆

코스

산행 후기

동행자	비용	도전 한마디

 **나의 등산 일지**

년	월	일	번째

거리	소요 시간	날씨	난이도	평점
km	시간 분		☆☆☆☆☆	☆☆☆☆☆

코스	

산행 후기

동행자	비용	도전 한마디

 **나의 등산 일지**

년	월	일	번째		
거리	소요 시간	날씨	난이도	평점	
km	시간 분		☆☆☆☆☆	☆☆☆☆☆	

코스	

산행 후기

동행자	비용	도전 한마디

안전한 등산을 위한
체크 리스트

☑ 등산의 기본 수칙 7가지
☑ 등산의 3대 기술
☑ 계절별 등산 준비물
☑ 응급처치

〈등산의 기본 수칙 7가지〉

1. 등산 계획
- 코스, 거리, 소요 시간, 날씨 등 사전에 정보를 철저히 확인하고 계획 세우기
- 항상 최악의 상황을 예상하고 준비하기

2. 적절한 장비
- 등산 3대 장비인 등산화, 등산의류, 배낭은 필수
- 등산 스틱, 비상식량, 랜턴, 구급약, 보조배터리 등 장비 챙기기

3. 자신의 체력 고려
- 등산으로 인한 부상 예방을 위해 등산 전후 충분한 준비 운동하기
- 자신의 체력과 경험에 맞는 산과 코스 선택하기

4. 일행과 동행
- 가능하면 혼자보다는 함께 등산하고, 단독일 경우에는 반드시 동선 알리기
- 단체 산행 시, 리더는 가장 초보 수준에 맞춰서 코스 선택하기

5. 기상 변화 대비
- 갑작스러운 날씨 변화에 대비해 방수의류, 방풍복 준비하기
- 일기예보를 확인하고, 악천후 시에는 산행 취소하기

6. 지정된 등산로 이용
- 샛길이나 통제구역 출입하지 않기
- 자연 훼손 방지하기

7. 산행 후 정리
- 쓰레기 되가져오기
- 등산의 최종 목적은 집까지 안전하게 귀가하기

※ LNT(Leave No Trace, 흔적 남기지 않기)

자연 환경 보호를 위한 야외 윤리 원칙이다. 미국 국립공원과 환경단체가 주도했으며, 야외 활동 시 자연에 미치는 영향을 최소화하기 위해 7가지 지침을 제시하고 있다.

1. 계획하고 준비하라! (Plan Ahead and Prepare)

2. 지정된 구역에 머물러라! (Travel and Camp on Durable Surfaces)

3. 쓰레기를 버리지 말고 가져와라! (Dispose of Waste Properly)

4. 자연 그대로 두어라! (Leave What You Find)

5. 불은 조심해서 최소로 사용하라! (Minimize Campfire Impacts)

6. 야생동물을 존중하라! (Respect Wildlife)

7. 다른 사람을 배려하라! (Be Considerate of Other Visitors)

〈등산의 3대 기술〉

구분	정의	주요 내용	목표
에너지 생산 기술	체내 에너지를 꾸준히 생성하여 활동 지속성을 확보하는 기술	• 적절한 식량 섭취: 등산 전·중·후 에너지 보충 • 충분한 수분 보충: 탈수 방지, 전해질 균형 유지 • 산행 전·중·후 에너지 공급 타이밍 관리	지속 가능한 체력 유지
에너지 절약 기술	불필요한 에너지 소모를 줄이고 효율적으로 움직이는 기술	• 효율적인 보행법: 짧고 일정한 보폭, 균형 잡힌 자세 • 등산 스틱 활용 • 페이스 조절: 일정한 속도 유지 • 계획적 휴식	체력 낭비 최소화
에너지 보존 기술	급격한 체력 고갈을 방지하고 회복을 돕는 기술	• 레이어링 시스템: 체온 조절 • 근육 피로 관리: 스트레칭 등 • 심리적 안정 유지: 불안과 긴장 감소로 체력 소모 최소화	회복력 확보 및 저체온 예방

등산, 에너지 관리의 지혜

- 등산은 한정된 에너지를 어떻게 효율적으로 쓰고 유지하느냐에 따라 성패와 생존이 갈리는 활동이다. 날씨의 변화, 지형의 난이도, 장시간의 산행은 체력 소모를 가속화시키며, 그에 따른 위험도 함께 높아진다.
- 이때 필요한 것이 바로 에너지 생산, 에너지 절약, 에너지 보존이라는 세 가지 핵심 기술이다. 이는 단순한 체력 의존이 아닌 지속성, 안전성, 효율성을 위한 지혜로운 생존 전략이다.
- 숙련된 등산가일수록 이 기술들을 자연스럽게 습관처럼 활용하며, 초보자일수록 의식적으로 이 세 가지 기술을 인지하고 훈련하는 것이 안전하고 즐거운 산행을 위한 가장 기본이자 필수 조건이 된다.